PSY AU LOGIS

Christophe ROY

Editions ART ET COMEDIE
2, rue des Tanneries
75013 PARIS

NOTE DE L'AUTEUR

J'ai débuté dans la troupe de mon village, « Les Gaspachos », comme acteur. Après avoir joué une pièce écrite par une amatrice, j'ai décidé de me lancer dans l'aventure de la création. « Psy au logis » a été un de nos plus grands succès. Cette belle entreprise n'aurait pas été possible sans mes compères. Je les remercie encore. J'aurai une pensée toute particulière pour Arlène avec qui j'ai débuté et qui est partie trop tôt.

C. R.

PERSONNAGES

SIMON FREUX, le psy lunatique, la quarantaine.

CHANTAL, femme de Simon, B.C.B.G.

BARONNE MONTLADSUS, coincée, étriquée et autoritaire.

BERNARD CARPETTE, capitaine d'industrie, culotté, dynamique, play-boy…

CATHERINE D'OCCAZ, jeune star du cinéma plutôt farouche.

ZOGORSKI, le paparazzi.

MARIE, jeune assistante de Simon, effrontée, sexy.

2 GRENOUILLES DE BÉNITIER, curieuses et langues de vipères. *(Lors de la création, nous avons travesti un homme ; effet comique garanti.)*

AMBROISE CHASTE, intimidé par les femmes.

MME FONTANIER, femme du préfet, nymphomane.

DÉCOR

Décor unique qui peut être inversé :
Cabinet d'un psychologue avec au centre un divan (une méridienne). Une porte dans le fond au milieu ouvrant sur scène.
Côté cour : dans le fond, un bureau et son fauteuil, derrière une fenêtre. A l'avant, une porte ouvrant sur scène sur les appartements du psy.
Côté jardin : à l'avant une porte ouvrant en coulisses donnant sur la bibliothèque.

ΤABLEAU I

Brouhaha en coulisse. Entrée de Marie poussée par la baronne de Montladsus, porte du fond.

MARIE - Je vous assure que le docteur n'est pas là ! Vous ne pouvez pas entrer !

LA BARONNE - Ma fille, j'avais rendez-vous à treize heures quarante-cinq, il est quarante-huit. J'entre et je m'installe. Je ne supporte pas le manque de ponctualité… *(Passant un doigt ganté sur le bureau et le regardant.)* Et encore moins la poussière. C'est vous qui êtes chargée du ménage ici ?

MARIE - Oui, à mes moments perdus. Pourquoi ?

LA BARONNE - Pour rien. Vos moments perdus ne doivent pas être très nombreux ou alors vous êtes d'une rare incompétence… Que c'est sale ici ! On se croirait dans un hall de gare. *(Elle sort un mouchoir de son sac et entreprend d'épousseter le divan en toussant légèrement, puis elle s'assied.)* Où est votre patron, mon enfant ?

Assise sur le bureau, Marie se lime les ongles.

MARIE - En prison.

LA BARONNE - Ça ne m'étonne pas ! Qu'a-t-il fait ?

7

MARIE - Rien ! Il devait faire une expertise psychoma-chinchose sur un assassin.

LA BARONNE - Il préfère donc les assassins !… Je passe après un assassin ! De mieux en mieux ! Je me demande vraiment ce que je fais ici ! Moi, la baronne de Montladsus qui a été reçue à l'Elysée et au Vatican… Personne n'avait jamais osé me faire attendre. Moi, la présidente et fondatrice de la ligue M.S.T…

MARIE *(pensive)* - M.S.T… M.S.T ? Ah oui, j'y suis ! Les maladies sex…

LA BARONNE *(les yeux au ciel)* - Mais non, enfin ! Ma pauvre fille ! M.S.T. ! M comme Moralité, S comme Salubrité et T comme Tempérance.

MARIE - Je me disais aussi que ça ne ressemble pas à madame de s'occuper de ces choses-là.

LA BARONNE *(regardant sa montre)* - Mais que fait-il ? Je perds mon temps à discuter avec une gamine inculte. Je suppose que vous ne connaissez même pas la signification de ces trois mots : MORALITÉ, SALUBRITÉ, TEMPÉRANCE ?

MARIE - Euh… pas trop… non…

LA BARONNE *(agacée et regardant sa montre)* - Mon dieu ! Si je ne connaissais pas aussi bien le beau-père de votre employeur, je serais déjà allé voir ailleurs. J'avais pensé au professeur Dobermeister, le célèbre psychanalyste des stars et des grands de ce monde. Ça, c'est un génie ! Même le président de la République ne prend aucune décision sans l'avoir consulté. Mais au lieu de ça, je suis chez le docteur Freux, petit psychiatre obscur qui n'a aucun savoir-vivre…

Entrée de Simon en trombe, côté cour. Il se déshabille très vite et pose sa mallette.

SIMON *(à la baronne)* - Vous êtes déjà là ? Quelle bonne surprise ! *(Il prend la main de la baronne et la baise. Marie tend aussi sa main. Simon a failli faire le baise-main à sa secrétaire. Puis, agacé.)* Laissez-nous, Marie ! *(Elle sort.)* Comment allons-nous aujourd'hui ?

LA BARONNE - Mal ! Je suis furieuse après vous ! Vous avez dix minutes de retard ! Personne ne m'avait humiliée de la sorte. Si votre beau-père n'était pas un ami très cher, je vous aurais planté là.

SIMON *(énervé)* - Ne me parlez pas de mon beau-père ! Et… et ce retard… eh bien… il fait partie de votre thérapie, en quelque sorte !

LA BARONNE *(abasourdie)* - Comment cela ?

SIMON *(embarrassé)* - Oui… enfin… c'était une sorte de mise à l'épreuve… Je vous ai déjà dit qu'il fallait prendre la vie avec plus de décontraction. Vous êtes si rigoriste, si rigide ! Il faut apprendre à relativiser, à ne pas vous en faire, à vous laisser aller… Entre nous, ce ne sont pas quelques malheureuses petites minutes qui vont bouleverser votre monde. Relaxez-vous, détendez-vous, vous savez… *(Il se met à chanter et à swinguer sur scène.)* « Il en faut peu pour être heureux, vraiment très peu pour être heureux. Chassez de votre esprit tous vos soucis. Prenez la vie du bon côté, riez, sautez, chantez, dansez et vous serez… serez… » *(Paroles de la chanson de Baloo dans « Le livre de la jungle ».)*

LA BARONNE *(très irritée)* - … Un ours très bien léché ! Merci bien pour la comparaison ! Arrêtez vos pitreries ! *(Elle lui fait signe de s'asseoir.)* Ça suffit ! Je connais la chanson ! Je vous rappelle que je ne suis pas venue pour moi, mais pour mon mari, le baron. *(Elle se calme et commence une longue explication. Simon en profite pour prendre un petit en-cas dans son dos.)* Je vous ai dit lors de notre dernier entretien que j'étais très inquiète à son sujet. Le baron s'est subitement mis à me harceler. Il me tient des propos libidineux, alors que nous avions réussi, au fil du temps, à stabiliser notre couple et à baser notre relation sur un amour purement cérébral et chaste ; que nous avions dépassé les aspects bassement charnels ! Tenez, je me souviens, il y a seulement quelques semaines, lors d'une promenade, il était encore plus choqué que moi devant le spectacle répugnant d'amants qui échangeaient en public des baisers langoureux chargés de germes dangereux. *(Elle fait des grimaces pour marquer son dégoût.)*

SIMON - Beurk !

LA BARONNE - Nous évitions les endroits trop fréquentés à cause de la promiscuité et des effluves fétides et écœurants à l'origine innommable et répugnante. *(Elle se bouche le nez. Simon contrôle ses aisselles.)* Le Français est décidément fâché contre la savonnette. Voilà qu'aujourd'hui, subitement, le baron veut rompre cette harmonie en se laissant guider par ses plus vils instincts. Hier soir encore, il a essayé d'enfoncer la porte de mes appartements. Heureusement, elle est en chêne et le baron prend de l'âge… Il avait remis sa tenue d'officier de marine ! Et m'a dit… Il m'a dit… *(Elle se signe.)* Mon dieu !

SIMON *(en venant s'asseoir à côté d'elle)* - Que vous a-t-il dit ?

LA BARONNE *(en sortant son mouchoir pour essuyer une larme)* - C'est trop horrible ! Mon époux est devenu fou, vicieux, lubrique ! Je ne sais pas si je dois vous rapporter ses propos abjects !

SIMON - Si, si, vous devez ! Vous êtes visiblement choquée. Il faut vous confier, il ne faut pas garder cela pour vous !

LA BARONNE *(en regardant autour d'elle)* - Enfin, vous l'aurez voulu ! Cela vous montrera bien la gravité de la situation ! Il m'a dit… Il m'a dit… *(Elle hésite encore en regardant autour d'elle puis elle lâche dans un sanglot.)* « Ouvre tes écoutilles, je vais te mettre ma torpille ! » Vous vous rendez compte du calvaire que je vis ? Quel scandale ! Si les domestiques avaient entendu cela ! Il faut faire quelque chose, trouver un remède, un anti-Viagra ! Je n'en peux plus, docteur !

SIMON *(se retenant de rire)* - Allons, allons ! Ce n'est pas si grave ! Votre époux veut simplement vous témoigner son affection. C'est bien naturel, non ? Les relations intimes dans le couple sont nécessaires à son équilibre. Le baron a juste besoin d'une petite mise en scène pour retrouver sa vigueur. Il a quelques fantasmes, voilà tout.

LA BARONNE *(se relevant brusquement, scandalisée)* - Quelle horreur ! Nous ne sommes pas des bêtes ! Nous pouvons parfaitement nous prémunir contre de tels débordements luxurieux. Je suis une femme respectable et j'entends bien le rester. Vous oubliez que je suis présidente de la ligue M.S.T. ; à ce titre, je me dois d'être un exemple !

SIMON *(pensif)* - M.S.T. ? M.S.T… comme les maladies ?

Enervée et agitée, la baronne se met à tourner autour de Simon.

LA BARONNE *(menaçante)* - Non ! M comme la Moralité dont vous êtes dénué ! S comme Salubrité qui fait défaut dans cette pièce et T comme Tempérance dont vous manquez certainement dans votre intimité ! Je plains votre épouse !

Notre ligue dénonce ceux qui se roulent dans le stupre. Je vois que je perds mon temps avec vous. Vous êtes un homme et, à ce titre, vous ne pouvez que soutenir mon mari. Je sais bien que l'homme est plus proche de l'animalité que la femme ! Vous êtes pervertis, dépravés et corrompus. Il n'y a qu'à voir l'état de votre cabinet ! D'ailleurs… il porte bien son nom, celui-là ! Cabinet ! Je ne vous salue pas, monsieur, je cesserai de venir dans cette… *(Elle est au bord de l'apoplexie.)*… dans cette bauge ! Comptez sur moi pour vous faire de la publicité ! *(Elle se dirige vers la sortie en bougonnant.)* C'est scandaleux ! Déshonorant ! Honteux ! Quelle humiliation !

Elle sort. Au passage, elle bouscule Marie.

MARIE *(en mâchouillant son chewing-gum, un agenda sous le bras)* - Pas l'air contente la rombière. Qu'est-ce qu'elle a ?

SIMON *(énervé)* - Je ne sais pas et cela ne vous regarde pas !

MARIE *(en chantonnant, énigmatique)* - Eh bien, moi je sais !

SIMON - Que pouvez-vous bien savoir ? Vous n'êtes pas psychologue que je sache.

MARIE *(en s'asseyant sur le divan)* - Je ne suis peut-être pas psychologue, mais moi je lis la presse ! Ils ont annoncé, dans « Revoilà », que la comtesse de Feuaufond est décédée des suites d'un effort physique trop intense au « tennis ». Il ne faut pas se demander de quel effort il s'agit et ils ont dû faire une faute de frappe dans le journal ! En ville, on raconte que le baron et la princesse… *(Elle fait un signe avec ses doigts.)* Si vous voyez ce que je veux dire ? Alors, à mon humble avis, le baron est en manque et il veut remplir, de nouveau, son devoir conjugal. Le pauvre, il doit être vachement en manque pour vouloir remettre le couvert avec sa bourgeoise !

SIMON - Je vous prierai de vous passer de ce genre de commentaires et de rester correcte. Vous me ferez grâce à l'avenir de vos potins récoltés dans des journaux à scandale. Enfin, la journée commence mal, nous avons perdu une cliente. Quand une journée commence ainsi, on ne sait jamais comment elle va se terminer. Quelle est la suite du programme ?

MARIE - Il y a M. Chaste qui est déjà arrivé.

SIMON - Ensuite ?

MARIE - Madame le préfet.

SIMON - « Madame la préfète » ! C'est l'épouse du préfet. Ou dites, tout simplement, « Mme Fontanier » ! Continuez !

MARIE - M. Verrat, le boucher de la rue des Géraniums.

SIMON - C'est tout ? Bien. Faites entrer M. Chaste et vous me ferez le plaisir d'arrêter de ruminer. Cela fait, si je puis dire, un effet « bœuf » sur la clientèle. Quant à votre tenue, j'ai des clients suffisamment perturbés par leur libido, il faudrait penser à les ménager ! Si vous voyez ce que je veux dire ?

MARIE *(soupirant)* - Bien docteur, on y pensera. Vous savez, il y a des clients qui savent apprécier… eux !

SIMON - Bon ! Ça suffit ! *(Il renvoie Marie d'un geste et s'adresse au public.)* Il est tellement difficile de trouver des assistantes sérieuses et qui présentent bien de nos jours…

Entrée de M. Chaste, dans un costume avec nœud papillon, cheveux gominés, lunettes rondes. Il ose à peine avancer.

SIMON - Entrez, entrez, monsieur Chaste ! Installez-vous sur le divan.

M. CHASTE *(gêné)* - Appelez-moi… Ambroise… docteur Freux.

Simon accompagne Chaste jusqu'au divan.

SIMON - Vous avez fait des progrès, vous êtes déjà moins timide. Vous avez osé me demander de vous appeler Ambroise. Maintenant, essayez à votre tour de m'appeler Simon.

M. CHASTE - Jamais je n'oserai, docteur Freux.

SIMON - Si… mon !

M. CHASTE - Docteur… Si… mon… Freux.

SIMON *(découragé, en allant s'asseoir sur son fauteuil)* - Cela ne fait rien… Comment va votre mère ?

M. CHASTE - Maman va bien, merci. Aujourd'hui, elle m'a accompagné jusqu'au coin de la rue et j'ai fait le reste du chemin tout seul.

SIMON - C'est époustouflant ! Vous vous rappelez nos premières séances où votre maman devait encore vous tenir la main ? Bientôt, vous viendrez tout seul depuis votre domicile.

M. CHASTE - Oui ! C'est grâce à vous, mon bon docteur… Si… mon.

SIMON - Non, non, tout le mérite vous en revient. Je ne suis là que pour vous guider. Avez-vous essayé de faire les exercices que je vous avais conseillés la dernière fois ?

M. CHASTE - Oui ! L'autre jour, je suis allé acheter des pamplemousses dans l'épicerie en bas de notre immeuble et j'ai pu en demander un kilo à l'épicière. Puis, je suis allé au cinéma avec maman et c'est moi qui ai pris les tickets et qui les ai tendus à la très jolie ouvreuse. *(Il rougit.)*

SIMON - Bravo ! Voyez, vous y arrivez. Bientôt, vous n'aurez plus peur des femmes.

M. CHASTE - Euh… je me suis juste un peu trompé chez l'épicière, il nous fallait seulement du raisin mais vous comprenez… lorsqu'elle s'est penchée vers moi, j'ai vu dans son… son… *(Il mime un décolleté, gêné.)* Ce n'est pas ma faute, docteur. Je ne sais pas ce qui m'est arrivé, c'était plus fort que moi, j'ai pensé à des pamplemousses.

SIMON - Ce n'est pas grave. Vous avez commis un lapsus très révélateur. Vous êtes sur la bonne voie. La prochaine étape consistera à aborder une femme inconnue pour lui demander l'heure ou votre chemin.

M. CHASTE - Mais… docteur, jamais je ne pourrai ! Maman me dit toujours de me méfier des femmes, elle dit qu'elles sont perfides et calculatrices. Elles ne courent après les hommes que pour leur fortune.

SIMON *(en venant s'asseoir à côté de Chaste)* - Voyons, mon cher Ambroise ! A quarante ans, il serait temps de vous faire votre propre opinion. Votre mère est certainement une femme très respectable, mais elle noircit un peu le tableau. Si vous saviez le nombre de femmes que je reçois et qui souffrent à cause des hommes ! Il faut penser à votre avenir. Il faudra bien, un jour, arriver à vous trouver une gentille petite épouse et fonder une famille. Rassurez-moi ! *(En mimant une silhouette féminine.)* Vous ressentez bien une attirance pour les femmes et vous n'êtes pas insensible à leur physique ?

M. CHASTE - Oh non ! Je dois vous avouer que je les regarde parfois dans certaines revues. *(Petit rire nerveux.)* En cachette de maman bien sûr. Vous voyez ce que je veux dire…

SIMON - Oui, je vois. N'ayez pas honte, c'est tout naturel. Mais, dites-moi : vous avez osé acheter des revues érotiques ? Il vous a fallu beaucoup de courage pour affronter le regard du marchand ou de la marchande de journaux ! En tout cas, beaucoup plus que pour acheter des fruits ! Bravo ! Je suis fier de vous !

M. CHASTE *(scandalisé, il bégaie)* - Oh non ! Non, docteur ! Je… je ne pourrais ja… jamais aller acheter ce… ce genre de journaux ! Non, moi je regarde les filles uniquement dans… *(En se tortillant et en rougissant.)* « La Redoute », « Blanche Porte », « Les 3 Suisses »… Des revues que j'emprunte à maman sans qu'elle s'en aperçoive. J'ai trouvé où elle les cache. *(Se mettant à genoux en priant.)* Vous ne lui direz rien, n'est-ce pas docteur ?

SIMON - Non, non ! Rassurez-vous ! Je vous avoue que je n'avais pas pensé à ce type de revues. Remarquez, « La Redoute », c'est bien aussi, les pages lingerie sont intéressantes… Mon cher Ambroise, vous êtes sur la voie de la guérison et bientôt vous verrez comme les femmes sont douces et prévenantes. C'est un peu de soleil dans une vie. C'est un véritable soutien quand tout va mal. Parfois, mieux qu'un chien fidèle, elles vous apportent le réconfort à défaut de vous apporter vos pantoufles. Nous ne sommes pas faits pour vivre seuls, mon cher. *(Soupir.)* Ah ! que deviendrions-nous sans elles ? Je vous le répète : il faudra sauter… le pas et essayer d'en attraper… euh… d'en rencontrer une. Vous verrez alors la vie en rose dans ses bras. *(Il se met à chantonner « La vie en rose » en caressant l'épaule de Chaste qui ne sait plus où se mettre, puis il soupire d'aise.)* Ah ! elles sont si… et tellement… comment dire… Voyez, je suis troublé et je ne trouve plus mes mots. Je suis marié et, croyez-moi, avec ma femme, chaque jour est un jour de fête…

Brouhaha derrière la porte du fond. On entend la secrétaire crier.

MARIE *(off)* - Madame, vous ne pouvez pas entrer, votre mari est en consultation ! Il ne veut pas être dérangé !

Irruption de Chantal, chargée de paquets, suivie de la secrétaire qui essaye de la retenir.

MARIE - Je n'ai rien pu faire, docteur !

Simon, en colère, se lève et se dirige vers sa femme qu'il saisit par le bras pour l'emmener un peu à l'écart.

SIMON *(entre ses dents)* - Mais qu'est-ce que tu fiches ici ?

CHANTAL *(fort)* - Je rentre de courses, tu le vois bien !

SIMON *(faisant signe de baisser d'un ton)* - Mais pourquoi passes-tu par mon cabinet et pas par l'entrée de service comme d'habitude ? *(Il montre la porte côté cour.)* Je suis en pleine consultation, tu veux faire fuir mes clients ?

Pendant ce temps, Chaste fait des petits signes à Marie qui lui sourit.

CHANTAL *(très fort)* - Je suis chez moi et je rentre chez moi par l'entrée principale et pas comme une domestique par l'entrée de service sombre et crasseuse !

SIMON - Pas de scandale, je te prie ! J'ai compris, nous allons avoir une petite explication ! *(Simon se retourne vers Chaste en forçant son sourire, il parle entre ses dents.)* Voyez, mon cher, les joies de la vie de couple, à quoi vous avez la chance d'échapper chaque jour.

M. CHASTE - Mais docteur, vous venez de dire…

SIMON *(en lui coupant la parole et en l'emmenant sans ménagement jusqu'à la porte)* - Notre séance va se terminer ici pour aujourd'hui. Faites mes amitiés à votre maman qui est parfois pleine de bon sens. *(S'adressant à Marie.)* Veuillez raccompagner monsieur.

M. Chaste - Au revoir, docteur Simon. Au revoir, madame Simon.

Simon et Chantal *(sèchement en se regardant droit dans les yeux)* - Au revoir !

La porte se ferme.

Simon - Es-tu devenue folle de faire irruption dans mon cabinet en pleine consultation ?

Chantal - Oui, je le suis devenue. Tu vas peut-être enfin t'occuper de moi et m'écouter. Il n'est pourtant pas bien sorcier de comprendre ce qui pourrait me guérir !

Chantal se met à rire comme une folle en allant s'allonger sur le divan.

Simon - J'avoue que ton humour m'échappe un peu, j'ai du mal à te suivre.

Chantal - Je vais éclairer ta lanterne. Quand vas-tu te décider à accepter la proposition de mon père ?

Simon - Quelle proposition ?

Chantal *(se relevant et faisant les cent pas en soupirant)* - Tu sais bien laquelle… De déménager dans l'hôtel particulier qu'il nous donne en centre-ville. Tu pourrais ainsi aménager ton cabinet au rez-de-chaussée et nous pourrions enfin jouir d'un superbe appartement au premier. Je n'en peux plus de vivre ici entre ton cabinet et la cuisine. Je veux pouvoir me promener dans ma maison comme bon me semble… Toute nue si j'en ai envie ! Je veux pouvoir recevoir qui je veux, quand je veux ! Ici, ton cabinet occupe un tiers de l'espace disponible alors j'étouffe. Tu entends ? J'étouffe !!! Si tu ne fais rien, tu viendras bientôt me voir chez les fous ! *(Elle s'allonge à nouveau sur le divan.)*

SIMON - Ça ne va pas recommencer ! Nous avons déjà parlé de cela des centaines de fois. Nous n'avons pas encore les moyens de déménager, tu connais le prix des loyers. Sois patiente, d'ici un an… ou plus, je te promets que je déménagerai mon cabinet.

Une partie de ping-pong s'engage entre eux. Chacun vient vers l'autre défendre ses arguments puis s'éloigne.

CHANTAL - Cela fait des années que tu me répètes toujours la même chose ! Cette fois, ça suffit ! Je te somme d'accepter la proposition de mon père et de faire la paix avec lui ! En plus cela ne nous coûtera pas un sou !

SIMON - Il n'en est pas question ! Je ne veux rien devoir à quiconque et surtout pas à ton père, ce grand patron multi-millionnaire qui, entre parenthèses, s'était opposé à notre mariage ! Je mets un point d'honneur à me débrouiller seul. Tu oublies un peu vite qu'il a déclaré en public et devant des journalistes… *(Il imite son beau-père.)* « Pour moi, un psy est un parasite de notre société décadente. C'est comme un voyant : il n'y a que les imbéciles pour y croire. » C'est donc lui qui a déclaré la guerre, c'est à lui de s'excuser. En attendant ce jour improbable, je ne peux pas accepter son offre !

CHANTAL *(soupirant)* - Je sais… mon père est comme cela. Que veux-tu y faire ? Mais il a fait des efforts, lui ! Il t'a même recommandé auprès de ses relations. Grâce à lui, tu commences à avoir une clientèle de choix, il me semble.

SIMON - Il l'a fait pour toi. Parce qu'il avait peur que sa chère petite fille manque de quelque chose. Il me croyait incapable d'avoir ma propre clientèle et de subvenir à tes besoins. Et parlons-en de ses relations ! Que des bourgeois coincés ou

19

excentriques ! Des gens préoccupés par leur nombril et les derniers potins mondains. Ils ne pensent qu'à leur image. Des gens qui pètent dans la soie et qui viennent pleurer sur leur sort en disant que l'argent ne fait pas le bonheur. Eh bien, ils n'ont qu'à le rendre. Certains finissent par m'écœurer, ils n'ont pas besoin d'un psy. Ils viennent parce que c'est branché d'avoir son psy. On va chez le psy comme on va chez le coiffeur : pour bavarder un peu, pour tromper l'ennui. C'est mieux qu'à confesse. Ils ont une existence dorée mais ils n'ont rien compris aux vraies valeurs de la vie.

CHANTAL - Tu es injuste. Parmi ta clientèle, il y a des gens très bien. Mme Fontanier, par exemple, la femme du préfet, grand ami de papa…

SIMON - Une nymphomane frustrée.

CHANTAL - Rodrigo de Carpaccio dont le père a été ministre et ami d'enfance de papa…

SIMON - Un oisif qui dilapide la fortune familiale. Il fait partie de la jet-set ! Ton père pourrait dire de lui que c'est un véritable parasite de notre société.

CHANTAL - Et la baronne de Montladsus ? Elle, elle a renoncé à cette vie de paillettes. C'est une femme modèle. C'est la fondatrice de la ligue M.S.T.

SIMON - Ah ça, elle ne risque pas d'en attraper une de M.S.T ! C'est une « mère la pudeur », coincée et étriquée. *(Changeant subitement de ton.)* Et en plus, ce n'est plus une cliente !

CHANTAL - Quoi ? Elle n'est plus cliente ? Qu'as-tu encore fait ?

SIMON - Rien ! Elle vient soi-disant me consulter pour son mari qui se montre trop entreprenant, alors que c'est elle qui a un problème avec sa libido qu'elle a rangée au frigo. *(Il rit de son allusion et s'allonge sur le divan.)* Tiens, c'est rigolo, elle a rangé sa libido au frigo ! Je fais des rimes, maintenant !

CHANTAL *(anéantie)* **-** Tu deviens complètement fou ! Si tu continues comme cela, nous ne sommes pas près de déménager !

SIMON - Je t'en prie, ce n'est pas une grosse perte.

CHANTAL - Elle peut faire et défaire les réputations. Elle a de l'influence dans la haute société. Les gens l'écoutent et la craignent !

SIMON - Eh bien, tant pis ! Je m'occuperai enfin de personnes qui ont réellement besoin de mes services.

CHANTAL *(venant s'appuyer contre la tête du divan, soudain pensive)* **-** Heureusement, il te reste Bernard Carpette, le meilleur ami de papa. *(Simon se relève d'un bon.)* J'ai lu dernièrement que c'est l'homme préféré des Français, il devance l'abbé Cane. *(On peut remplacer « Cane » par : Molle, Otien, Tise, Résina, Taillère...)* On le voit dans tous les journaux. Tu l'as vu l'autre jour à la télévision ? Quelle classe ! Quel charme ! Quelle assurance ! Il a mis tous les journalistes dans sa poche. Tu te rends compte la publicité pour ton cabinet ? Avec une telle clientèle, tu pourrais penser à augmenter le prix de tes consultations, cela nous permettrait de déménager.

SIMON - Je ne fais pas ce métier pour l'argent, j'ai une certaine déontologie, moi ! Je fais cela pour soulager les vraies souffrances, celles des riches comme des pauvres. Quant à Bernard Carpette, celui-là ton père aurait certainement aimé te le faire épouser. Ah ! ah ! C'est lui, en plus jeune. Le même caractère, les mêmes idées, la même inculture, les mêmes mauvaises manières. Je ne sais pas ce qu'il vient faire ici, il n'a aucun besoin de psychanalyse. Il ne fait qu'entrer et sortir. Je suis certain que je lui sers d'alibi pour de coupables activités. Il ressort toujours comme un voleur. Tiens, par la porte de service que tu trouves si sombre et si crasseuse ! Il traverse au passage tout notre appartement. Il est partout chez lui. Il est culotté comme ton père. Aucun savoir-vivre ! *(A l'oreille de Chantal.)* Il fait rêver les Français ? Pour moi, c'est un véritable cauchemar ! *(Il s'éloigne.)*

CHANTAL *(remontée)* - Tu es injuste et jaloux ! Bernard et mon père sont des exemples. Ils ont une force de caractère hors du commun. Oui, ils gagnent de l'argent ! Oui, ils n'ont pas ta culture ! Oui, ils n'ont pas fait de grandes études, eux ! Ce n'est pas une raison pour les mépriser comme tu le fais !

SIMON - Ah ! c'est la meilleure ! Je ne sais pas qui méprise le plus l'autre !

CHANTAL - Peut-être ! Ce sont des hommes qui se sont faits tout seuls, à la force de leurs poignets !

SIMON - Au-moins, comme cela, on ne peut pas en vouloir à quelqu'un d'autre. *(Il se rapproche de Chantal et la prend par l'épaule.)* Tu oublies un peu vite, ma petite, que tu n'as pas toujours dit cela, que toi aussi tu étais en conflit avec ton père. A une certaine époque, tu crachais sur son fric. C'était ta période bohême. Nous nous sommes mariés sans son consentement, juste avec deux témoins, à la mairie. Alors que lui, il rêvait pour sa fifille d'un mariage en grandes pompes dans le parc d'un château avec – juste – quelques milliers d'invités. Son argent te dégoûtait. Rappelle-toi ! Tu voulais vivre d'amour et d'eau fraîche, dans un petit appartement. Même une chambre de bonne aurait fait ton bonheur puisque tu étais avec moi. Les choses ont bien changé ! *(Il s'éloigne.)*

22

CHANTAL *(revenant à la charge)* - J'avais vingt ans à l'époque, j'étais une jeune écervelée ! C'est normal d'avoir de telles idées à cet âge. J'ai mûri, contrairement à d'autres. J'ai fait la paix, moi ! Je ne suis pas bornée et je sais laisser ma fierté de côté, ce qui est un signe d'intelligence. Il faut évoluer dans la vie. Il faut aller de l'avant. Tu dis souvent que ce sont les plus intelligents qui cèdent, hein ? *(Elle tourne le dos à Simon. Elle boude.)*

SIMON - Oh ! je dis cela en voiture quand on me refuse une priorité. *(Un peu abattu, il s'assied sur son divan. Il soupire.)* Enfin, tu as peut-être raison. Je suis bête, immature, avec une fierté mal placée. Moi aussi je me suis fait tout seul ; enfin, maman y est pour beaucoup et un peu papa. Je suis un homme avec ses contradictions et ses imperfections. Oui, un homme et pas comme le pense ton PAPA, un intello qui vit au crochet de la société. Tu sais, on dit aussi que souvent femme varie. Toi, tu as fait un virage à cent quatre-vingt degrés !

CHANTAL *(se retournant violemment)* - Peut-être, mais en attendant, je peux te dire que je compte jouir de la totalité de cet appartement comme je l'entends ! Je vis ici aussi, si tu ne l'avais pas remarqué, et j'ai des droits que j'entends faire respecter ! *(Changeant de ton.)* Alors, je t'informe que tout à l'heure, je reçois le comité de la paroisse pour notre réunion mensuelle.

SIMON *(se relevant d'un bon)* - Ah ! ah ! ah ! Bravo pour ton numéro ! Je comprends tout, maintenant ! Tu devrais faire du théâtre ! C'est donc parce que tu as oublié de me prévenir que tu m'as joué le grand rôle de la femme au bord de la crise de nerfs. Bien joué ! Quel talent ! *(Il applaudit des deux mains et va s'asseoir à son bureau.)* Vous ne pouvez pas vous réunir au presbytère ?

CHANTAL *(venant frapper une première fois sur le bureau)* - Non ! On se réunit toujours chez l'une ou chez l'autre et c'est à mon tour de recevoir ces dames ! Je ne t'ai pas joué la comédie car à partir d'aujourd'hui, j'ai décidé de ne plus te prévenir afin de t'obliger à trouver enfin une solution.

> *Chantal se dirige vers ses courses qu'elle a déposées près de la porte côté cour.*

SIMON *(se levant de son bureau)* - La solution est toute trouvée. Toi et tes grenouilles de bénitier, curieuses et langues de vipères, vous resterez à la cuisine et je ne veux pas vous entendre. *(Il montre la porte côté cour.)* Mon métier ne souffre d'aucune indiscrétion ! *(Il se rassied.)*

CHANTAL *(se précipitant et revenant frapper sur le bureau)* - Non ! J'ai décidé de les recevoir dans la bibliothèque. *(Elle montre la porte côté jardin.)* C'est la pièce la plus agréable de la maison !

SIMON *(surpris par la violence de son épouse et radouci)* - Réfléchis un peu, tu dois traverser mon cabinet pour te rendre à la bibliothèque !

CHANTAL *(menaçante, le doigt pointé vers Simon)* - Il faudra donc trouver une autre solution, un compromis si tu préfères. *(Puis, en postillonnant sur les lunettes de son mari quand elle dit « psy » et le frappant avec son doigt sur la poitrine.)* Toi le grand psychologue, psychiatre et psychanalyste, tu vas bien trouver, je te fais confiance…

SIMON *(un peu sonné, recroquevillé sur sa chaise et essuyant ses lunettes)* - Je ne peux pas annuler tous mes rendez-vous, tout de même. Tu ne peux pas remettre à plus tard ? Après-demain, je pourrai m'arranger. Tu vois, je fais preuve de bonne volonté. S'il te plaît, un petit effort ? *(Il essaye d'amadouer sa femme.)*

CHANTAL - Impossible ! Elles sont peut-être déjà en route. D'ailleurs, il faut que je me prépare et que je prenne une douche. Pendant ce temps-là, tu as tout le temps de réfléchir. *(Elle se dirige vers la porte.)*

SIMON *(suppliant)* - Alors essayez, au-moins, de traverser entre deux clients. Quand elles arriveront, préviens-moi en te faisant passer pour mon assistante, je t'en supplie ! Et fais-les entrer par la porte de service.

Chantal hésite, réfléchit.

CHANTAL - C'est d'un pratique !... J'essaierai ! Mais, je ne peux pas te promettre de pouvoir toutes les intercepter.

Elle sort porte côté cour avec ses paquets.
Simon retourne à son bureau, dépité. Chantal revient dans son dos rechercher un paquet ou sa veste.

CHANTAL *(au public, en abaissant son bras en signe de victoire)* - Yes !

SIMON - Quand une journée commence comme cela, on se demande comment cela va finir.

Entrée de Marie qui se lime les ongles en mâchouillant un chewing-gum.

MARIE - J'ai la préfète au téléphone.

SIMON - Passez-la-moi ! Qu'est-ce que vous attendez ?

MARIE - J'attendais la fin de l'orage. On y va ! On y va ! Y a pas l'feu tout d'même ?

Marie ressort.

SIMON - Mon dieu, quelle secrétaire ! Enfin, c'est une femme, elle aussi, personne n'est parfait. Quel est l'imbécile

25

qui a dit que la femme est l'avenir de l'homme ? L'avenir est plutôt bouché en ce moment ! *(Il s'assied au bureau et attrape le combiné. Puis, avec une voix toute mielleuse.)* Allô !... Madame Fontanier ! N'avions-nous pas rendez-vous aujourd'hui ?... Comment, une manifestation d'agriculteurs ?... Votre mari séquestré dans son bureau !... Une compagnie de C.R.S. arrive, bien... Je comprends... Essayez de passer plus tard... Entendu... Au revoir... Au revoir... Mes respects madame Fontanier, mes amitiés à votre mari... Naturellement, quand ils l'auront relâché... *(Il raccroche.)* Bien, une annulation. Je vais pouvoir me détendre un peu. Les invités de ma femme pourront traverser, tout s'arrange ! Hé ! hé ! Merci mon dieu. *(Il se frotte les mains.)*

Entrée de Marie, en trombe.

MARIE *(excitée)* - M. Carpette est arrivé. Quel bel homme ! Il m'a dit que j'ai un physique de cinéma et que j'ai la peau douce. Qu'il est gentil !... Voyez, lui, il a remarqué !

SIMON - Epargnez-moi vos commentaires douteux. Qu'est-ce qu'il peut bien me vouloir ? Nous n'avions pas rendez-vous ! On peut dire qu'il tombe mal, celui-là ! Vous feriez bien de vous méfier de lui et de ne pas vous laisser tripoter par les clients.

MARIE *(visiblement émoustillée)* - Je ne peux rien lui refuser. Qu'est-ce que j'en fais ? *(Voix lascive en se frottant contre la porte.)* Si vous voulez, je peux m'en occuper pendant un moment... Un long moment !

SIMON *(énervé)* - De mieux en mieux ! Ce n'est pas une maison de passe ici ! Bon, ça suffit ! Faites-le entrer ! Comme c'est un ami de beau-papa, je vais faire un effort pour le recevoir. Advienne que pourra... Quand une journée commence mal, je n'en suis plus à une catastrophe près...

Sortie de Marie et entrée de Bernard Carpette qui se dirige vers Simon et lui tape fort sur l'épaule. Simon vacille.

BERNARD - Salut Doc ! Vous êtes mon psy préféré, vous savez. D'autant plus que vous êtes le seul que je fréquente et vous avez une secrétaire très peu farouche... Vous devez de temps en temps vous en payer une tranche... hein, mon coquin ! *(Sourire entendu et nouvelle tape amicale mais rude sur l'épaule. Il s'assied sans y être invité sur le fauteuil du psy.)*

SIMON *(entre ses dents en se massant l'épaule)* - Que me vaut l'honneur de votre visite ?

BERNARD - Je passais dans le quartier et je me suis dit : « Tiens, j'irais bien dire un p'tit bonjour à ce bon vieux Doc. »

SIMON *(pas dupe)* - Vous, un homme si occupé ? La télévision, vos affaires et tout le reste... C'est vraiment trop d'honneur ! *(Sur un ton agacé.)* Je vous en prie !

Il indique le divan à Bernard mais il reste assis sur le fauteuil et pose ses pieds dessus. Simon s'assied à côté des pieds de Bernard.

BERNARD - Tiens, aujourd'hui, c'est moi le psy, et c'est vous le dingo. *(Il rit et bouscule du pied Simon qui s'époussette de la main.)*

SIMON *(désabusé)* - Ah ! ah ! ah ! Très drôle...

BERNARD - Nos petits entretiens me font tellement de bien... Depuis que je viens vous voir, je me sens un autre homme. Je suis bien moins timide.

SIMON - Tiens donc, je ne l'aurais jamais cru !

BERNARD *(qui ne comprend pas)* - Vous n'auriez pas cru quoi ?

SIMON - Que vous étiez timide. Ne faites pas attention, c'est de l'humour. Vous avez raison sur un point, lorsque vous dites que nos entretiens sont petits. Ils sont mêmes fugaces, fugitifs. Je dirais même éphémères.

BERNARD *(en allant s'asseoir à côté de Simon)* - Ah ! sacré Doc ! Toujours le mot pour rire. Tu sais, ce n'est pas la longueur qui compte, sauf dans un autre domaine… si tu vois ce que je veux dire, mon bon vieux Doc.

Bernard bouscule Simon et il est le seul à rigoler de son allusion graveleuse. Simon se tient la tête dans ses mains.

BERNARD - Oh ! je ne t'ai pas choqué Doc ?

SIMON *(les yeux au ciel, las)* - Non, j'ai l'habitude ! Je commence, malgré nos brefs entretiens, à bien cerner votre personnalité. D'ailleurs ce n'est vraiment pas difficile.

BERNARD *(en regardant sa montre)* - Trêve de plaisanterie, je dois me sauver.

SIMON *(sur un ton hypocrite en retenant Carpette par le bras)* - Comment, déjà ? Quel dommage ! Je crois que c'est, parmi nos entretiens, le plus court. Je vais téléphoner au « Livre des records ».

BERNARD - Je vais revenir tout à l'heure, une relation d' « affaires » doit me retrouver à votre cabinet. Je ne me gêne pas de vous. Je me suis dit : « Chez le Doc c'est sympa, c'est discret, il ne m'en voudra pas. » *(Bernard se lève et se dirige vers la porte côté cour.)* Alors Doc, si cette personne arrive, vous la faites patienter, je vous revaudrai ça ! Vous êtes génial ! Je passe discrètement par la porte de service comme d'habitude. Merci pour tout, Doc.

28

Il a déjà disparu avant que Simon ait pu dire quelque chose. Celui-ci, estomaqué, reste une minute bouche bée.

SIMON - Doc ! Doc ! Alors là ! Quel culot ! Mais, il se fout de ma gueule, celui-là ! Maintenant, il donne ses rendez-vous carrément chez moi ! *(En agitant le poing en direction de la porte.)* Je ne suis pas à ton service, espèce de malotru ! Reviens que je te foute dehors une bonne fois pour toutes ! Désormais, ce Carpette est « persona non grata ». Je n'ai pas besoin de clients comme lui, même pour ma pub. Il a beau être une vedette des affaires et faire la couverture de tous les journaux, je vais lui foutre mon pied où je pense… *(Il joint le geste à la parole et au même moment on entent un cri. Il regarde sa chaussure.)* Qu'est-ce qui se passe encore ?… Mais, c'est Chantal !

Chantal entre par la porte côté cour en peignoir et une serviette sur la tête, visiblement affolée.

CHANTAL - Il y avait un homme dans la salle de bains. J'étais nue devant le miroir en train de me coiffer, lorsque j'ai senti un courant d'air. Je me suis retournée et j'ai aperçu la silhouette d'un homme qui me regardait et qui a dit : « C'est aussi joli du côté pile que du côté fesses. » Ensuite, il a disparu. Je n'ai pas pu le reconnaître, j'avais des cheveux devant les yeux.

SIMON - Oh ! le salaud, le salaud ! Je vais l'étriper, le disperser façon puzzle, le mixer, l'exploser, l'atomiser…

CHANTAL - Tu sais qui c'était ? Un de tes clients obsédés sexuels, je suppose ? *(Simon fait « oui » de la tête.)* Tu vois qu'il faut déménager, il te faut un cabinet indépendant. *(Simon fait « non » de la tête.)* Avec tous les détraqués que tu reçois, un jour je vais me faire violer. *(Simon hausse les épaules.)* Alors, qui était-ce ?

SIMON - C'était le pire de tous les détraqués, mais rassure-toi, je vais m'en débarrasser.

CHANTAL - Mais de qui parles-tu ?

SIMON - De Bernard ! Bernard Carpette, bien sûr !

CHANTAL *(visiblement soulagée, se laissant tomber sur le divan)* - Ah… ouf ! Ce n'était que lui… *(Se ressaisissant soudain en se dirigeant d'un côté de la scène.)* Oh, mon dieu ! Que j'ai honte de moi ! Je n'aurais jamais dû crier de la sorte, il va me prendre pour une folle !

SIMON *(en suivant sa femme)* - Je ne te suis plus. Cet individu ouvre la porte de la salle de bains, se rince l'œil et c'est toi qui as honte ? C'est le monde à l'envers ! Quand il reviendra, je vais exiger qu'il te fasse des excuses !

CHANTAL - Tu ne vas rien faire du tout ! Tu n'es vraiment pas bien ! Ce n'est pas n'importe qui, tout de même ! Il s'agit de Bernard Carpette ! Tu te rends compte, il m'a même dit : « C'est aussi joli du côté pile que du côté fesses. » *(Chantal est visiblement émoustillée par son aventure.)* Quel esprit ! Quel humour ! Quel homme et quel goût ! *(Soupir d'extase. Elle se trémousse.)* On ne peut pas lui en vouloir. Ce n'est pas si grave, il fait un peu partie de la famille. Nous pouvons être fiers de le connaître. *(En colère après son mari.)* Tu aurais pu, tout de même, me prévenir qu'il passerait. Je ne peux décidément pas compter sur toi. Si j'avais su ! Je n'étais pas à mon avantage, je me serais arrangée ! *(Montrant sa jambe.)* Je n'étais même pas épilée pour le recevoir dignement…

SIMON *(interloqué)* - Le recevoir dignement, à poil dans la salle de bains ???

CHANTAL - Que tu es bête ! Tu ne comprends rien ! *(Au public.)* Oh ! oh ! Quand je vais raconter cela à mes amies, elles seront vertes de jalousie !

Chantal sort côté cour en sautillant.
Marie passe discrètement sa tête par la porte puis elle observe son patron.

SIMON *(en secouant la tête, désabusé)* - Ma femme est folle ! Ma femme est folle ! Qu'est-ce qu'il a donc ce type ? Rien ! Il est grossier, inculte… Il vient chez moi, pelote ma secrétaire, mate ma femme et je devrais peut-être dire… *(Il fait des révérences et prend la voix de Jean Marais dans « Le Bossu », alias Lagardère. Marie se délecte du spectacle.)* « Merci monsieur Carpette ! Quel honneur monsieur Carpette. Je vous en prie monseigneur, vous reprendrez bien un peu de ma secrétaire… Touchez ma femme, ça porte bonheur… » *(Simon aperçoit Marie et se redresse confus, et agacé.)* Quoi ? Qu'est-ce qu'il y a ? Vous n'avez rien d'autre à faire ?

MARIE *(hilare en faisant la révérence)* - Une cliente vient d'arriver, monseigneur. Elle me dit qu'elle a rendez-vous, mais je n'ai rien noté.

SIMON - Comme d'habitude, ma pauvre fille ! Vous oubliez de noter la moitié des rendez-vous. De quoi a-t-elle l'air ?

MARIE - Elle m'a l'air complètement parano. Lunettes noires, fichu sur la tête, imperméable… Le genre qui se la joue incognito, si vous voyez ce que je veux dire… Elle est plutôt B.C.B.G. : beau cul, belle gueule.

SIMON *(agacé)* - Eh bien, faites-la entrer et épargnez-moi vos remarques vaseuses.

MARIE - Bon, bon, j'y vais. C'est vous qui m'aviez demandé…

31

SIMON - Ça va, ça va… *(En agitant sa main, il retourne à son bureau.)*

Entrée de Catherine d'Occaz, comme décrite par la secrétaire. Elle avance prudemment et regarde autour d'elle.

SIMON *(reprenant ses esprits et sous le charme de cette apparition)* - Bonjour mademoiselle ! Je vous en prie, mettez-vous à l'aise et installez-vous sur ce divan.

CATHERINE *(troublée)* - Bonjour, docteur. C'est-à-dire, c'est plutôt gênant… c'est la première fois que… Enfin, je pensais ne pas être la première…

SIMON *(qui a ressenti son trouble)* - Vous n'avez pas à avoir peur. Vous êtes ici chez vous. Mettez-vous à l'aise. Considérez-moi comme un ami et parlons librement comme deux vieux amis.

En se mettant à l'aise, Catherine enlève son fichu, ses lunettes noires, ses gants et son manteau.

CATHERINE - Des amis, je n'en ai malheureusement plus beaucoup. Je veux dire, de véritables amis, désintéressés. Quand on est devenu ce que je suis, quand on fréquente le milieu que je fréquente, les relations sincères n'existent plus. C'est le règne de l'hypocrisie et des faux-semblants. On m'a dit que je pouvais avoir confiance en vous. J'espère que je ne suis pas trop inopportune ?

SIMON *(faisant « non » de la tête, il saisit un carnet pour prendre des notes)* - Pas du tout ! C'est parfaitement vrai que vous pouvez avoir confiance en moi. Mais de quel milieu parliez-vous à l'instant ?

CATHERINE - Mais celui du show-biz, naturellement ! Un milieu bien peu recommandable, un milieu d'illusions, de poudre aux yeux. Un milieu qui peut vous conduire au firmament et très rapidement vous précipiter dans les limbes.

SIMON - Mon dieu ! Que faites-vous donc dans ce milieu hostile ? Il faut vous en échapper !

CATHERINE - C'est ce que je fais aujourd'hui. Pour quelques heures seulement, je reprends un peu le cours de ma vie. J'oublie un instant cette image que l'on donne de moi, je me retrouve enfin telle que je suis.

SIMON *(qui a un peu de mal à suivre)* - Expliquez-moi donc quelle est l'image que l'on donne de vous ?

CATHERINE - Mais celle décrite dans les magazines ! Vous ne lisez pas la presse ?

SIMON - Rarement, je lis essentiellement des magazines professionnels. C'est vrai que m'a femme me répète souvent que je ne m'intéresse pas assez à ce qui se passe dans le monde. Mais l'esprit humain est, à lui seul, un vaste monde à explorer. Je dois vous paraître bien ignorant.

CATHERINE - Ça ne fait rien, ne vous excusez pas. A chacun ses centres d'intérêt. C'est agréable de discuter enfin avec une personne qui ne sait pas ce qu'on écrit sur vous. *(Soupir.)* Que c'est bon de se sentir à nouveau anonyme, quelqu'un comme tout le monde. Cela ne m'était pas arrivé depuis bien longtemps. En général, les gens se ruent sur moi. Ici je me sens en paix. *(Elle joint ses mains et lève son regard.)*

SIMON *(les mains jointes aussi, sur le ton d'un curé en plein sermon)* - Je suis heureux que vous vous sentiez en paix… Je vous en prie, poursuivez, parlez-moi encore un peu de vous…

CATHERINE - Je n'en ai pas très envie, on me demande cela tous les jours, vous comprenez. Les journalistes, les gens dans les soirées mondaines veulent toujours en savoir un peu plus.

Ils sont à l'affût du moindre ragot. Ne le prenez pas mal, je n'ai rien contre vous, vous m'êtes plutôt sympathique, mais j'ai envie de conserver un petit jardin secret. J'ai besoin de souffler, de décompresser.

SIMON *(embêté)* - Vous m'êtes très sympathique aussi… Mais comprenez-moi… cela ne va pas être simple… pour moi… je veux dire pour nous… Enfin, si vous ne voulez pas me parler de vous, cela va être difficile de vous aider à trouver ce qui ne va pas.

CATHERINE *(se redressant)* - Ce qui ne va pas ? Comment cela ? Pourquoi voulez-vous m'aider ? A quoi au juste ?

SIMON - Enfin, je… je suis psychiatre et psychanalyste… mon rôle et d'aider mes patients. J'essaye de rechercher ce qui les tourmente.

CATHERINE *(se levant, nerveuse)* - Pardon, mais je crois qu'il y a erreur ! Je ne suis pas là pour me faire psychanalyser. Je ne me suis pourtant pas trompée d'adresse ? Je croyais que vous étiez au courant !

SIMON - Au courant de quoi ?

Nerveuse, Catherine se met à marcher de long en large.

CATHERINE - Mais, du rendez-vous, enfin… Oh ! comme c'est gênant… Je croyais que vous étiez au courant de l'entrevue en quelque sorte avec… qui vous savez !

SIMON *(semblant réaliser sa méprise et se frappant le front)* - Ah ! j'y suis ! Bien sûr ! La réunion ! Vous êtes venue pour la réunion !

CATHERINE - Voilà, on peut aussi appeler cela ainsi. Merci pour votre discrétion. *(Posant une main sur sa poitrine.)* Ouf !

34

j'ai eu très peur un instant de m'être trompée de lieu. J'avais pourtant vérifié l'adresse et il n'y a pas d'autre docteur Simon Freux dans le bottin.

SIMON *(confus)* - Je suis désolé, je ne sais plus où j'ai la tête aujourd'hui. Je vous avais pris pour une patiente, j'aurais dû comprendre tout de suite. Une femme si charmante, si équili-brée... A ma décharge, je ne vous imaginais pas du tout comme cela. Je vous imaginais moins... *(Il décrit avec ses mains une femme sexy.)*... enfin, plus... *(Il se met au garde-à-vous.)*... ou plutôt moins... *(Il mime une femme qui se maquille.)*... mais un peu plus... *(Il prend un air sévère.)*... mais certainement moins de... avec un peu plus... *(Il est gêné ; il bafouille et grimace.)*

CATHERINE *(le prenant pour un fou)* - Vous êtes bien le docteur, ici ?

SIMON - Oui, oui, c'est bien moi ! Vous devez me prendre pour un fou...

CATHERINE *(faisant « oui » de la tête)* - Non... loin de moi cette pensée...

SIMON *(reprenant ses esprits)* - Enfin bref ! La réunion, ou si vous préférez l'entrevue... Ah ! ah ! ah ! Euh... se déroulera à côté, dans la bibliothèque, vous y serez au calme. Ne dites rien à ma femme, j'ai déjà ma dose de scènes pour aujourd'hui.

Catherine rassemble ses affaires.

CATHERINE *(au public)* - Charmant mais bizarre, ce psy...

Simon introduit Catherine, assez décontenancée, dans la biblio-thèque côté jardin.

SIMON *(à la porte)* - Je vous demanderais un peu de patience, je préviens de votre arrivée. *(Il revient au centre de la scène.)* Je vais changer d'opinion sur les grenouilles de bénitier ! Quelle femme charmante… Bizarre, mais charmante. Surprenante et cependant plaisante. Je vais finir par me convertir ! *(Il se dirige vers la porte à la droite du spectateur et appelle.)* Chantal ! Chantal ! Une de tes amies est déjà arrivée ! *(Il retourne au bureau et appelle Marie au téléphone.)* Marie, veuillez venir une minute avec un bloc. *(Marie entre avec une grosse ramette de papier dans les bras.)* Mais Marie, vous débloquez !… Comme je n'attends plus personne, nous allons en profiter. Je vais vous dicter un peu de courrier…

MARIE *(posant la ramette par terre)* - Mais, docteur ! Il y a un homme bizarre qui vient d'arriver dans la salle d'attente.

SIMON - Encore ! Et sans rendez-vous, je suppose ? *(Il lève les yeux au ciel en joignant ses mains.)* Marie ! Marie priez pour nous !… Bon ! Et pourquoi est-il bizarre, celui-là ?

MARIE - Il dit qu'il veut vous voir d'urgence et il fouine partout. C'est encore un parano ou un schizo ou alors… il doit se prendre pour un flic ou alors il est recherché par la police ! Il est louche ce type, il m'a à peine regardée. Il doit avoir de la merde dans les yeux, celui-là… J'ai trouvé ! Il n'aime pas les femmes ! *(Une main en l'air, l'autre sur sa hanche en imitant une « folle ».)* Méfiez-vous, docteur, il ne me dit rien qui vaille.

SIMON - Arrêtez vos élucubrations ! C'est peut-être une urgence psychiatrique envoyée par un confrère !… Ça ne m'arrange pas, mais faites-le entrer. *(Marie sort en bougonnant.)* Celui-là, au-moins, ne vient pas pour la réunion des dames de la paroisse.

Entrée de Zogorski. Il a un sac photo en bandoulière. Il inspecte toute la pièce, regarde sous le divan, derrière les rideaux, sous le bureau. Il se dirige vers la porte de droite puis vers la porte de gauche. Simon l'observe, le suit sans rien dire et s'interpose avant qu'il n'ait eu le temps d'ouvrir la porte de la bibliothèque.

Zogorski *(en désignant la porte)* **-** Il n'y a personne, ici ?

Simon *(qui croit avoir affaire à un paranoïaque)* **-** Rassurez-vous ! Il n'y a personne, nous sommes tranquilles, il n'y a que ma secrétaire et moi. Venez donc vous installer sur le divan et nous pourrons parler tranquillement de ce qui vous préoccupe. *(Z. joue le jeu et s'assied.)* Si vous me disiez déjà votre nom pour commencer ?

Zogorski *(avec l'accent russe)* **-** Zogorski !

Simon - Que faites-vous dans la vie, monsieur Zorrogoski ?

Zogorski - Zogorski ! Appelez-moi Z., comme tout le monde. Je suis photographe pour la presse à scand... *(Il se reprend.)*... euh... la presse scandinave.

Simon - Passionnant ! Que puis-je faire pour vous ?

Zogorski *(embarrassé)* **-** C'est-à-dire, docteur... c'est difficile à expliquer...

Simon - Je suis là pour vous aider. Je vous ai observé depuis votre arrivée. Il m'a semblé que vous vous sentiez comme traqué, un peu comme un animal effarouché. C'est cela ?

Zogorski *(entrant dans le jeu)* **-** Tout juste, docteur ! Vous êtes très fort !

Simon - Je suis un professionnel. C'était facile. Vous êtes entré et vous avez regardé partout, comme quelqu'un qui sent des pieds... euh... qui se sent épié. N'est-ce pas ?

Zogorski *(regardant sous le divan)* **-** Tout à fait docteur !

Simon - Je suppose que cela a un rapport avec Mme Zooloftski ?

37

Zogorski se relève pour fouiner sur le bureau dans les papiers du psy.

ZOGORSKI - Zogorski, Eléna Zogorski. Certainement, docteur… elle est euh… elle est très jalouse… elle me fait suivre par un détective.

SIMON *(en ramenant Z. vers le divan)* - Je m'en doutais. Quatre-vingt-dix pour cent des problèmes psychologiques viennent de problèmes conjugaux. A se demander ce que les hommes et les femmes font ensemble. Votre femme a-t-elle des raisons d'être jalouse ?

ZOGORSKI - Bien sûr que non, docteur ! Naturellement mon métier de photographe m'amène à côtoyer de belles femmes : chanteuses, actrices… Tiens, justement, en venant vous voir, il m'a semblé apercevoir une actrice que j'ai déjà photographiée.

SIMON - Naturellement, vous exercez un métier plein de tentations. Votre femme en souffre, elle s'imagine des choses… Je ne vais pas vous dire de changer, ni de métier, ni d'épouse. Vous ne pouvez pas rester comme cela. Vous allez devenir complètement paranoïaque.

ZOGORSKI - Mais l'avez-vous vue ?

SIMON - Qui ça ? Votre femme ?

ZOGORSKI - Non ! L'actrice que j'ai vue entrer dans l'immeuble. Une belle femme avec un imperméable, des lunettes noires et un fichu sur la tête. Vous l'avez peut-être vue ?

SIMON - Je disais justement il y a peu à une amie de ma femme que je sors très peu. Alors les actrices de cinéma et moi, ça fait deux. J'ai bien peur que votre imagination ne vous joue des tours. Vous vous sentez persécuté et maintenant vous êtes victime d'hallucinations. On va vous sortir de là ! Je suis là pour ça ! Comment s'exprime la jalousie de votre épouse ?

Dans le dos de Simon, la porte s'ouvre et Chantal passe la tête.

CHANTAL *(pour attirer l'attention de son mari)* **-** Pst ! Psitt !

Simon se retourne. Affolé, il se lève et se précipite vers sa femme.

SIMON *(murmure)* **-** Qu'est-ce que tu as ? Je suis avec un patient plutôt gravement atteint.

CHANTAL - Mes invitées sont là ! Tu te rappelles la réunion ?

ZOGORSKI *(qui s'est retourné)* **-** Qui est-ce ?

SIMON - Ma fem… mon assistante.

Zogorski se dirige vers Simon.

ZOGORSKI - Ah ! ah ! Vous m'avez menti docteur, vous m'aviez dit que nous étions seuls.

SIMON *(gêné)* **-** Elle était allée faire une course, elle rentre à l'instant.

ZOGORSKI - Il y a donc une autre entrée à cet immeuble ?

SIMON - Oui, l'entrée de service par la cour intérieure qui débouche sur une autre rue.

ZOGORSKI *(nerveux)* **-** Mince ! Il faut absolument que je téléphone. *(Il saisit son portable et compose un numéro.)*

SIMON *(qui veut saisir l'occasion)* **-** Pour être tranquille, installez-vous derrière cette porte.

Il ouvre la porte côté cour pour en faire un paravent. Dès que Z. est derrière, il fait signe à sa femme de traverser en silence. Un cortège constitué de Chantal poussant un chariot avec des tasses, une théière et un gâteau, suivie de deux femmes traverse la scène du côté cour au côté jardin. Chaque femme salue Simon qui fait signe au cortège d'avancer plus vite. Les femmes curieuses jettent un coup d'œil pour apercevoir l'homme derrière la porte. Simon s'interpose comme il peut pour dissimuler Z. Par mégarde, il pousse la dernière grenouille aux fesses ; celle-ci se retourne et lui donne un coup de sac à main. Les femmes sont entrées dans la bibliothèque, Simon s'appuie sur la porte en poussant un long soupir et sonné par le coup reçu. Zogorski ne s'est aperçu de rien car il a eu du mal à obtenir sa communication.

Zogorski - Allô ! Allô !… Jules, mais tu dormais ou quoi ?… C'est moi, Z. Tu as vu d'Occaz ressortir ?… Non ! Alors, descends de la voiture et va te mettre en planque devant la sortie de service, dans la cour intérieure. Dépêche-toi, l'oiseau risque de s'envoler par là. Appelle-moi si tu vois quelque chose… J'arrive pour surveiller la porte d'entrée. Je pense que notre star est, peut-être, toujours planquée chez le psy du second. Je trouverai bien un moyen pour m'en assurer. Terminé.

Simon va refermer la porte et accompagne Z. vers son bureau.

Simon - Bien ! Monsieur Zorbamofski, je pense qu'il faudra prendre un autre rendez-vous auprès de ma secrétaire. Et il faudra convaincre votre épouse de venir aussi me voir. Je vous verrai d'abord individuellement puis, après quelques séances, en couple. Nous allons bien finir par trouver une solution ensemble.

ZOGORSKI - C'est une très bonne idée, docteur. Alors je me sauve. *(Zogorski avise la fenêtre et se tourne vers Simon.)* Il fait chaud chez vous ! *(En montrant la fenêtre.)* Vous permettez ?

SIMON - Je vous en prie, faites comme chez vous.

Zogorski ouvre la fenêtre en grand, inspire un grand coup et jette un coup d'œil.

ZOGORSKI *(en se penchant)* - Nous sommes au deuxième, n'est-ce pas ?

SIMON - Oui, c'est cela. *(Se précipitant sur Z.)* Vous n'allez pas faire une bêtise ? *(Simon retient Z., de peur qu'il ne saute. Zogorski repousse la fenêtre sans vraiment la refermer. Simon le ramène vers le centre de la pièce.)* Je vous assure que nous trouverons une solution à votre problème. Je sais bien qu'il est parfois plus facile de mourir pour une femme que de vivre avec elle. Mais aucune femme ne mérite qu'on commette l'irréparable pour elle.

ZOGORSKI *(en souriant)* - Rassurez-vous docteur, je n'ai pas l'intention de me suicider ! Je regardais simplement la gouttière. Elle m'a l'air solide. On pourrait y grimper, je suppose ?

SIMON - Peut-être. Je n'ai jamais essayé.

ZOGORSKI - Ah ! ah ! ah ! Docteur, au revoir et merci pour tout. *(Il sort.)*

SIMON *(tombant sur le divan)* - Ouf ! J'ai eu chaud ! Encore un cas difficile mais intéressant. J'avoue qu'il me tarde de connaître Mme Zouloowisky. Une femme à ce point jalouse que son mari en devient parano… L'union d'un homme et d'une femme, deux êtres imparfaits – je veux surtout parler de la femme, bien sûr – ne donne souvent rien de très bon.

Zoucenski n'avait pas l'air dépressif, mais j'aurais peut-être dû le retenir pour en savoir un peu plus ? Quand il s'est penché à la fenêtre, j'ai eu peur qu'il saute. Que d'émotions et de questions sans réponses ! *(Il s'étire.)* Enfin seul, je vais pouvoir me reposer un peu…

Simon s'allonge sur le divan et ferme les yeux.

RIDEAU

TABLEAU II

On retrouve Simon allongé sur son divan. Entrée des femmes côté jardin.

CHANTAL - Simon ! Tu peux m'expliquer ce que fait une star du cinéma comme Mlle Catherine d'Occaz à une réunion de paroisse ? *(Simon émerge péniblement, incrédule.)* Mon pauvre ami, il faut sortir de ton cabinet. Tu dois être le seul dans le monde à ne pas connaître mademoiselle. César et Palme d'or de la meilleure actrice.

SIMON *(qui se gratte la tête)* - Mais qu'est-ce que c'est que cette histoire, encore ? Mademoiselle n'avait pas rendez-vous avec vous ?

GRENOUILLE 1 - Ce serait vraiment trop d'honneur pour nous. *(A Catherine.)* Pouvez-vous me faire un autographe sur mon livre de messe ? A Ginette, s'il vous plaît…

Catherine s'exécute.

GRENOUILLE 2 *(d'un air pincé)* - Elle est certainement venue pour un autre genre de rendez-vous avec des personnes plus intéressantes que nous. J'aimerais bien savoir qui…

CHANTAL - En tout cas, cela ne nous regarde pas. Laissons mon mari réparer ses bévues. Venez mesdames, retournons à notre réunion. *(Elle se retourne et se dirige vers la porte.)*

GRENOUILLE 1 *(qui visiblement ne veut pas retourner à sa réunion)* - Si vous ne veniez pas voir le docteur, alors qui veniez-vous voir ? Vous pouvez me le dire, je suis une vraie tombe !

SIMON *(se levant, agacé)* - On vous a dit que cela ne vous regardait pas, alors sortez !

GRENOUILLE 1 *(en haussant les épaules)* - Je demandais cela pour me rendre utile. Histoire de causer et d'être agréable.

Simon pousse les grenouilles dehors. La grenouille qui avait pris une main aux fesses se méfie.
Simon et Catherine sont de nouveau seuls.

CATHERINE *(tourmentée)* - Merci, je suis vraiment confuse, mais il m'avait dit qu'il vous mettrait au courant. Mon dieu, que c'est gênant ! Tout cela devait rester secret.

SIMON *(perplexe)* - Qui devait me mettre au courant et de quoi ?

CATHERINE *(bas, en vérifiant que personne n'écoute)* - Eh bien… Bernard. Bernard Carpette.

SIMON *(se frappant le front)* - Mon dieu ! Oui, bien sûr ! Vous aviez rendez-vous avec ce zozo, cet iconoclaste ! J'aurais dû m'en douter, vous ne ressemblez pas à une grenouille de bénitier. Je n'en rate pas une aujourd'hui. Quand la journée commence mal, les catastrophes s'enchaînent. En effet, tout à l'heure, Carpette m'a dit qu'il avait donné rendez-vous à quelqu'un mais j'avais complètement oublié. A ma décharge, il avait omis de préciser à qui. Je ne pouvais pas m'imaginer que… Enfin, que vous… Vous, une fille si fine et délicate, si délicieuse, si jeune… Vous, avec ce personnage ! Cela dépasse mon entendement !

CATHERINE - Je vous remercie pour les compliments. Mais ne parlez pas de Bernard comme cela. Comprenez ! Bernard est un homme solide qui m'apporte une certaine sécurité, une certaine confiance en moi. Je le connais depuis peu de temps. Il est si influent, si sûr de lui, et moi je suis si fragile dans ce monde impitoyable. Quand je suis avec lui, je me sens une autre femme. Il me donne de la force. Je sais ce que les gens diront dans mon dos quand ils apprendront notre relation, mais je m'en moque !

SIMON *(sur un ton compatissant)* - Excusez-moi, je ne sais pas ce que diront les gens et je m'en moque aussi. Croyez-en mon expérience, il est évident que cet individu profite de vous, de votre jeunesse et de votre beauté. Vous n'êtes qu'un jouet pour lui, un trophée de plus sur son tableau de chasse.

CATHERINE - Je ne vous permets pas. Je suis peut-être naïve mais je sens que Bernard est sincère. Avec lui je ne crains plus les loups qui rôdent autour de moi, ni les pires de tous les paparazzis.

Pendant ce temps la fenêtre s'est ouverte. On voit Z. passer sa tête et essayer de photographier la star.

SIMON *(accompagnant Catherine sur le divan)* - Excusez-moi encore. Vous n'êtes pas naïve mais peut-être que vous ne le connaissez pas autant que moi dont c'est le métier. Parmi les loups que vous côtoyez, c'est un chef de meute… *(S'interrompant brusquement.)* Excusez-moi, il y a comme un léger courant d'air subitement.

Il se lève, se dirige vers la fenêtre et la referme. On entend alors un cri, le bruit d'une chute et de poubelles renversées.

Catherine - Vous avez entendu ce bruit ? Qu'est-ce que c'était ?

Simon - Rien, probablement le concierge qui sort les poubelles. Revenons à notre conversation. Vous savez, il y a sûrement beaucoup d'hommes qui seraient prêts à vous protéger sans arrières pensées. *(Il prend la main de Catherine.)* En tout cas, moi je suis prêt à vous écouter et à vous aider à affronter le monde par vos propres moyens. Chacun a en lui des ressources cachées qui ne demandent qu'à surgir. Je vous aiderai, si vous le voulez, à les découvrir. Je sens en vous une femme sensible, pleine de courage et d'intelligence. Vous pensez être fragile, vous êtes comme le roseau qui plie sous la tempête mais ne rompt pas. Lui c'est peut-être un chêne, mais il est plus fragile que vous. Il a besoin des femmes pour se prouver qu'il existe. Il a besoin de briller, de se rassurer. C'est grâce à vous qu'il est fort.

Catherine - Vous êtes gentil. C'est vrai qu'en vous écoutant, je me sens déjà mieux. Vous parlez avec tellement de sagesse… Peut-être avez-vous raison ? Je vais y réfléchir… Pour l'instant, je vis une sorte de rêve. Notre relation est encore secrète, nous nous voyons en cachette et je me sens revivre. Je suis comme une adolescente, je reprends goût à la vie…

Entrée affolée de la secrétaire.

Marie - Docteur, venez vite ! Le concierge a déposé un blessé à l'entrée et il a dit de nous démerder avec, vu qu'il est tombé de chez nous. Ce blessé ressemble au client de tout à l'heure.

Simon *(nerveux, tournant en rond)* - Ah oui ! Zoophiliski, il me semble. Mon dieu ! Il a essayé de mettre fin à ses jours ! Que je suis bête, je ne me suis pas assez méfié. J'aurais dû me

46

douter qu'il souffrait terriblement. Je n'ai pas été à la hauteur !
Je m'en veux tellement ! Mais cette journée a si mal commencé !

MARIE - Qu'est-ce qu'on fait ? Il est mal en point, il saigne
beaucoup et je lui ai mis une serviette sur la tête pour qu'il ne
salisse pas partout. La vue du sang me donne envie de gerber !

SIMON - Allons le chercher et aidez-moi à l'installer sur le
divan que je regarde ce qu'il a ! Ensuite vous irez chercher la
trousse de secours. Vous téléphonerez aux pompiers.

*Catherine fait de la place sur le divan et se dirige vers le
bureau. On entend des cris plaintifs en coulisses. Simon et
Marie sortent et reviennent en soutenant le blessé qui a les
habits déchirés, des détritus un peu partout sur le corps et
une serviette sur la tête.*

ZOGORSKI - Aïe ! aïe ! aïe ! Docteur, aidez-moi, je vais
mourir !

Marie sort pour aller chercher la mallette de secours.

SIMON - Mais non, voyons ! Pourquoi avoir choisi mon
cabinet pour mettre fin à vos jours ? Il y a des ponts, des
immeubles en construction plus adéquats ! Deux étages, c'est
de la plaisanterie, vous aviez des chances de vous rater. Ah !
quand une journée commence mal…

ZOGORSKI - Je ne voulais pas me suicider !

SIMON - Taisez-vous ! Tout à l'heure, vous vouliez déjà vous
jeter par la fenêtre.

*Marie revient avec la trousse de secours et la tend du bout
des doigts.*

MARIE - Je ne peux pas rester là ! Je ne me sens pas bien…
Je vais téléphoner aux secours !

Elle sort en courant avec la main sur la bouche.

SIMON - Merci Marie ! Je suis bien entouré. Je regrette aujourd'hui de ne pas avoir poursuivi médecine.

CATHERINE - Je peux vous aider, j'ai quelques notions de secourisme !

SIMON - Merci mademoiselle, je veux bien. Pouvez-vous soulever la serviette pour que je pose des compresses sur les plaies ?

Catherine s'exécute avec précautions. Puis elle pousse un cri et envoie voler la serviette.

CATHERINE - Mon dieu ! C'est Z. !

Surpris, Simon a envoyé voler un paquet de compresses.

SIMON - Vous connaissez cet homme ?

CATHERINE *(agitée)* - C'est Zogorski, le plus ignoble des paparazzis ! Il signe toujours ses articles immondes dans les revues à scandale d'un « Z ». Il me pourchasse, il me traque comme un animal depuis le début de ma carrière. Je refuse de toucher cet homme !

SIMON *(dévisageant Z.)* - C'est bien ma veine ! Zogorski ! Mon client de tout à l'heure… Il m'a dit être un photographe pour la presse scandinave.

CATHERINE - La presse à scandale, oui !

SIMON - Maintenant que j'y repense, dans la conversation, il m'a dit avoir cru apercevoir une actrice entrer chez moi. Je comprends tout à présent, il est venu pour vous. Il ne se croyait pas suivi, il vous suivait. Ce n'était pas le traqué mais le traqueur !

ZOGORSKI - Aidez-moi, je vous en prie ! Je suis cassé de partout. Je vais mourir !

SIMON - Ne dites pas de bêtises. Et quand bien même vous mourriez, il faut vous dire qu'on n'est que de passage sur cette terre et que vous ne manquerez à personne. N'est-ce pas, mademoiselle ?

CATHERINE *(très en colère)* - Oh non, alors ! Cet individu fouille dans ma vie, dans mon passé, me prend en photo dans mon intimité en violant mon domicile ! Il est prêt à toutes les bassesses pour obtenir un cliché. Il est même allé inventer que j'étais un homme. Sachez, monsieur, que si j'en étais un et si vous n'étiez pas déjà à l'article de la mort, je vous casserais la figure. C'est une vermine, une véritable sangsue. Maintenant, qu'il souffre autant que j'ai souffert ! Tout fini par se payer un jour !

Sortie des femmes de la bibliothèque.

CHANTAL *(à Simon)* - Que se passe-t-il ? On a entendu mademoiselle crier. J'ai pensé que tu n'avais pas su te tenir. *(Apercevant Z.)* Qui est cette personne en sang sur ton divan ?

SIMON - Un paparazzi qui venait espionner Mlle d'Occaz. Ce monsieur a voulu jouer les acrobates et escalader la gouttière pour voler une image de la vie de mademoiselle. Il est tombé de la fenêtre et j'ai bien peur que les secours, en arrivant, ne trouvent plus qu'un cadavre. A moins… à moins de tenter l'opération de la dernière chance ?

GRENOUILLE 1 - Mon dieu ! Il faut appeler un prêtre ! Il faut lui administrer les derniers sacrements ! Nous allons dire une prière pour ce pauvre pécheur. *(Les deux grenouilles s'agenouillent et prient.)*

ZOGORSKI *(implorant)* - Tentez l'opération, docteur ! Je vous en prie ! Mais avant de mourir, dites-moi docteur, qui Mlle d'Occaz venait rejoindre ? Son nouvel amant, sans doute ? Je veux savoir qui c'est ! Docteur, dites-le-moi ! Vous ne pouvez pas refuser ça à un mourant ?

CATHERINE *(furibonde)* - Immonde individu ! Chacun a droit au respect de sa vie privée. Même devant la mort, tu continues tes turpitudes. Tu ferais mieux d'économiser tes forces si tu veux avoir une chance de t'en sortir.

> *Elle pousse Z. qui tombe du divan en gémissant... Les grenouilles et Simon le remettent tant bien que mal à sa place. Chantal tente de calmer Catherine et l'assied sur le fauteuil côté cour.*

GRENOUILLE 2 *(scandalisée)* - Un peu de charité, mademoiselle ! Même si cet homme est un pécheur, nous devons tout essayer pour le sauver et le réconforter.

ZOGORSKI - Oui, docteur ! Je vous en supplie ! Tentez l'impossible !

CATHERINE *(retenue par Chantal)* - Moi, je préfèrerais le voir disparaître !

> *Chantal sort chercher un petit remontant pour Catherine.*

GRENOUILLE 1 *(scandalisée mais curieuse)* - Ma fille, vous vous égarez. Allons ! Dites-lui au moins par charité chrétienne qui vous veniez rejoindre. Soyez magnanime ! Il emportera ce secret dans l'au-delà.

CATHERINE - Ça vous intéresse aussi, je suppose ? Malheureusement, cette fois-ci, on ne pourra pas le lire dans vos journaux favoris !

GRENOUILLE 1 - Enfin, mademoiselle ! Qu'allez-vous imaginer ? Je ne lis pas ce genre de presse.

GRENOUILLE 2 *(les mains jointes)* - Vous pouvez parler sans crainte, nous sommes la discrétion même.

SIMON *(après avoir ausculté Z.)* - Ça suffit, mesdames ! *(A Z.)* Mon cher Z., je veux bien tenter l'impossible. Mais avant, vous allez jurer devant toutes ces dames de ne plus importuner Mlle d'Occaz ici présente. Attention au parjure, car vous finiriez en enfer ! *(Se tournant vers les grenouilles.)* N'est-ce pas, mesdames ?

> *Les grenouilles hochent de la tête en même temps et se signent. Retour de Chantal avec un verre.*

ZOGORSKI - Je le jure, docteur ! Faites vite, j'ai perdu beaucoup de sang et j'ai mal partout. Je sens ma fin toute proche.

> *Le portable de Z. sonne.*

SIMON *(qui décroche)* - Allô !... *(A Z.)* C'est Jules ! *(A Jules.)* Vous êtes vers les poubelles et vous voulez parler à M. Zébratofski ?... Il ne peut pas vous parler pour l'instant. Il ne va pas tarder à descendre vous rejoindre en enfer ! *(Il raccroche et s'adresse aux grenouilles et à son épouse sur un ton solennel.)* Mesdames ! Devant la gravité des évènements, il serait souhaitable de remettre votre réunion à plus tard. En prenant congé, pourriez-vous me rendre un immense service ?

LES GRENOUILLES *(se regardant)* - Quel service ?

SIMON - Pourriez-vous, par charité chrétienne, déposer cette loque dans la rue à côté des poubelles ? Il pourra rejoindre son complice qui, j'en suis sûr, s'en occupera en attendant l'ambulance. Merci.

CHANTAL - Mais, il est intransportable ! Tu disais qu'il était mourant ?

SIMON - Rassure-toi ! Il n'a que quelques coupures à la tête et quelques contusions sans gravité. La tête, ça saigne toujours beaucoup. La mauvaise herbe a la vie dure.

ZOGORSKI - Je ne vais pas mourir, docteur ?

SIMON - Hélas non ! Mais attention ! Vous avez juré ! Avant que vous partiez, je confisque votre appareil. *(Il prend des photos de Z., les grenouilles se placent derrière le paparazzi pour être sur les photos.)* Souvenirs ! Si un jour vous vouliez à nouveau importuner mademoiselle, je ferai publier ces photos. J'ai quelques clients bien placés dans le milieu de la presse. Ce sera bon pour votre réputation que je raconte votre petite mésaventure, photos à l'appui.

> *Il saisit Z. par le bras et, sans ménagement, le soulève. Ce dernier pousse un cri de douleur. Les grenouilles prennent le relais et sortent par la porte du fond suivies de Chantal.*

SIMON - Nous voilà débarrassés de lui.

CATHERINE *(se rapprochant de Simon)* - Merci pour tout. Vous avez été formidable.

SIMON *(prenant la main de Catherine)* - C'est vous qui avez été formidable. Vous vous êtes mise en colère et vous avez affronté votre ennemi en face. Vous lui avez balancé tout ce que vous aviez sur le cœur, je suis sûr qu'il en a été encore plus secoué. Bravo !

CATHERINE - C'est vrai ! Cependant, il n'était plus vraiment dangereux. J'espère seulement qu'il aura retenu la leçon. Mais il y aura toujours un Z. quelque part qui m'attendra au coin d'une rue, dans le hall d'un hôtel…

Chantal entre brusquement et Simon s'écarte de Catherine.

CHANTAL - Ces paparazzis sont des monstres ! Chacun à droit au respect de sa vie privée. Ils devraient être emprisonnés. Je me demande toujours pourquoi de tels individus existent ?

SIMON - C'est peut-être à cause de certaines femmes qui lisent certains magazines. N'est-ce pas Chantal ? *(Chantal hausse les épaules.)*

Entrée de Bernard Carpette, côté cour.

BERNARD - Quelle animation dans la rue ! Il y avait une ambulance qui embarquait un blessé ! J'ai eu du mal à me faufiler sans être reconnu ! *(En mettant une main aux fesses de Catherine.)* Salut ma Louloute, toujours aussi « sexy » ! Excuse pour le retard. *(A Chantal.)* Bonjour madame Doc ! Je vous préférais dans la tenue de tout à l'heure. *(Chantal sourit, sous le charme.)*

SIMON *(hors de lui et remontant ses manches)* - Espèce d'iconoclaste, c'est comme cela que tu agis avec les femmes ? Je vais t'apprendre la politesse !

BERNARD *(ton ironique)* - Qu'est-ce qui t'arrive, Doc ? Tu vas te faire mal ! Excuse-moi, je plaisantais ! Tout à l'heure, je me suis trompé de porte. Ce que je ne regrette pas. *(Coup d'œil complice à Chantal.)*

Chantal s'interpose entre Simon et Bernard.

CHANTAL *(autoritaire)* - Calme-toi Simon ! C'est moi que M. Carpette a vu en tenue d'Eve, ce n'est pas toi. Alors pas de violence ! Tu répètes sans cesse que cela ne sert à rien !

SIMON *(toujours retenu par sa femme, faisant tournoyer son bras)* - Parfois ça soulage ! Et j'ai toujours dit aussi qu'il n'y a que les imbéciles qui ne changent pas d'avis.

CHANTAL *(réussissant à asseoir Simon)* - Excusez-le, monsieur Carpette. Que vous êtes taquin et néanmoins séducteur ! *(A Simon.)* Bernard plaisantait, ce n'est pas si grave, c'était même un honneur. *(Elle s'approche de Carpette et se colle à lui. Ce n'est pas du goût de Catherine qui le prend par le bras.)* Vous permettez que je vous appelle BERNAAARD ?

BERNARD - Bien sûr, vas-y ma poule !

SIMON *(se redressant)* - Ne vous gênez pas pour moi surtout !

CHANTAL *(retournant calmer son mari)* - Bernard plaisantait. Toi tu n'as aucun humour. Excusez mon mari, BERNAAARD ! *(Voix chaude et sensuelle.)* La journée a été dure et il est un peu à cran. Il a dû faire face à un individu de la pire espèce.

BERNARD *(ton ironique)* - Celui de l'ambulance ? Il n'était pas beau à voir ! C'est l'œuvre du Doc ! *(Au public.)* Faut que j'me méfie !

CATHERINE *(même jeu que Chantal un peu plus tôt)* - Oui ! N'écoutant que son courage, Simon m'a sauvée des griffes de Z. Vous permettez que je vous appelle SIMOOON ?

SIMON *(assez flatté)* - Je vous en prie, ma chère Catherine. Vous êtes trop bonne. Je n'ai rien fait d'exceptionnel. C'est vous qui avez fait preuve de beaucoup de courage.

BERNARD *(réalisant)* - Mince alors ! Z. ! Le paparazzi ?

SIMON - Bien sûr ! Pas Z comme Zorro !

BERNARD *(s'essuyant le front)* - Je l'ai échappé belle, il était plutôt en mauvais état. Je ne te croyais pas si violent, Doc. Bravo ! Chapeau bas ! Si je l'avais eu entre mes pognes, moi aussi j'en aurais fait du hachis Parmentier. Il a osé dire dans un article que j'étais un coureur de jupons… Bon, d'accord, un peu... mais aussi un na... na... n'analphabète. Je ne sais pas ce que cela veut dire mais j'ai horreur qu'on m'insulte.

SIMON - Ah ! il semble que ce Z. soit parfois sensé, il remonte un petit peu dans mon estime. Pour ce qui est du hachis Parmentier, je n'ai pas eu à me salir les mains. Il était déjà tout prêt. *(Catherine sourit, complice. Simon se dirige vers son divan.)* Je dois cependant avouer que toutes ces émotions m'ont achevé. Je n'ai qu'une envie, c'est m'allonger un peu pour récupérer avant mes prochains clients.

BERNARD *(prenant les deux femmes par les épaules)* - Alors, mesdames, je vous enlève. Nous allons fêter la défaite de l'affreux Z. Je vous propose d'aller faire un tour dans une auberge dont vous me direz des nouvelles. Laissons notre héros se reposer.

CHANTAL - C'est une excellente idée et ce serait un tel plaisir de sortir en compagnie d'un homme tel que vous... *(Elle s'écarte de Bernard voyant Catherine plutôt agacée.)* Mais, peut-être préférez-vous rester seul avec cette jeune demoiselle ? J'ai peur de dépareiller dans le paysage. Je ferais peut-être mieux de rester ?

BERNARD *(la saisissant de nouveau)* - Taratata ! Vous venez avec nous ! Je sens que l'on va bien s'entendre ! Nous sommes devenus comme qui dirait des intimes, maintenant. Hein, ma poule ! Vous n'allez pas dépareiller dans le paysage. Après ce que j'ai vu tout à l'heure ! Vous n'êtes plus de la première fraîcheur, certes, mais vous avez de beaux restes tout de même !

CHANTAL *(sous le charme)* - Vil flatteur ! Quel humour et quel sens de la formule ! Vous savez parler aux femmes, vous. Vous êtes un grand séducteur. Cela ne m'étonne pas du tout, vous avez tellement d'esprit !

SIMON *(atterré)* - Ma poule… Plus de la première fraîcheur… De beaux restes… Si je t'en disais le quart de la moitié de cela, tu m'aurais déjà giflé !

CHANTAL *(irritée par la remarque de son mari)* - Mais toi tu n'as pas la manière, alors que BERNAAARD…

SIMON *(en haussant les épaules)* - Na na na… pas la manière ? *(A Bernard, menaçant.)* Je ne sais pas si je dois laisser ma femme entre vos mains. Je devrais peut-être me méfier ?

BERNARD - Oh, Doc ! En tout bien tout honneur, je n'ai qu'une parole. Je sais me conduire en gentleman, vous me connaissez !

SIMON - Oui, justement ! *(En leur faisant signe de sortir et en se rallongeant.)* Oh ! et puis, après tout !… Allez vous amuser, la maison retrouvera enfin son calme et sa sérénité, et moi aussi par la même occasion.

BERNARD - Alors maintenant, c'est toi qui nous mets à la porte, Doc ? Venez mesdames, notre héros est fatigué.

CHANTAL - Mais où trouvez-vous toutes ces formules ? Cela fuse chez vous, c'est incroyable !

BERNARD - Je suis comme ça, c'est naturel chez moi.

Départ de Bernard et Chantal qui rient, suivis de Catherine qui sourit tristement et fait un petit geste de la main à Simon.

SIMON - Enfin seul !

Il est à peine installé pour dormir que Marie entre.

MARIE - Monsieur, le boucher de la rue des Géraniums ne viendra pas.

SIMON *(dans un demi-sommeil toute la scène)* **-** Il a annulé son rendez-vous lui aussi ? Décidément, c'est la journée ! Moi qui avais prévu une séance longue pour aujourd'hui car j'avais peur qu'il fasse une grosse bêtise…

MARIE - Il n'a pas annulé, il a été arrêté par la police.

SIMON - Tiens ! *(Tout en s'étirant et en bâillant.)* Qu'a fait ce brave homme ?

MARIE - Il a assassiné sa femme ! Il y a quinze jours déjà et il l'avait mise dans sa chambre froide au milieu des carcasses de porc. Vous vous rendez compte ?

SIMON - Que voulez-vous, sa femme lui faisait une vie de cochon. Elle voulait qu'il reprenne la grande boucherie de son père… Tiens, ça me rappelle quelque chose ! *(Soupir d'aise.)* Enfin, tant pis ! Et puis, ça tombe plutôt bien, je vais enfin pouvoir me reposer un peu. *(Il s'étend et fait mine de vouloir s'endormir.)*

MARIE - Ben, je ne vous croyais pas aussi cool ! C'est tout l'effet que ça vous fait ? Dire que, pas plus tard qu'hier, je lui ai acheté des côtes de porc ! Je ne pourrai plus les manger. Moi, cette histoire de chambre froide… brrr ! ça me fait froid dans le dos ! Et vous, là… qui restez de glace…

SIMON *(en bâillant et se recroquevillant sur le divan)* **-** C'est normal la glace dans une chambre froide, non ?… Merci… vous pouvez disposer.

MARIE - C'est-à-dire… Monsieur… Monsieur… Monsieur ! *(Elle secoue Simon qui déjà ferme les yeux.)*

SIMON *(en ronchonnant)* **-** Quoi ? Qu'y a-t-il encore ?

MARIE - Mme la préfète est là. J'avais pensé, puisque le boucher…

SIMON *(se redressant d'un bon, complètement éveillé)* - Il ne manquait plus qu'elle ! Comme si je n'avais pas eu ma dose de catastrophes, aujourd'hui !

MARIE - Qu'est-ce que je fais ?

SIMON *(nerveux)* - Faites-la entrer, on ne peut pas la mettre à la porte. Mais en cas de problème, je déclencherai le plan B. Alors, défense d'aller aux toilettes, défense d'écouter votre baladeur, défense de téléphoner. Vous restez à votre poste, prête à intervenir. N'oubliez pas de préparer le matériel. Compris ?

MARIE *(au garde-à-vous, faisant le salut militaire)* - Bien, mon général ! Tout de suite, mon général !

SIMON - Rompez ! Euh… sortez !

Marie sort en marchant au pas.

SIMON *(levant les bras au ciel)* - Pourquoi tant de haine ? Qu'ai-je fait de si grave pour mériter tout cela ? Quand une journée commence mal, il faut vraiment s'attendre au pire !

Entrée de Mme Fontanier, la femme du préfet, habillement chic et sexy. Elle va directement s'allonger sur le divan et retire ses gants tout en parlant.

MME FONTANIER - Quelle journée ! Mais quelle journée ! Vous ne pouvez pas savoir ce que c'est que d'être la femme d'un haut fonctionnaire. Les inaugurations, les cocktails, serrer les mains, sourire, couper les rubans… Aujourd'hui nous avons eu droit à une manifestation d'agriculteurs. Ils ont osé déverser du fumier dans la cour de la préfecture. Ils ont séquestré mon mari. *(Soudain sur un ton gourmand.)* Si vous aviez vu cela, tous ces hommes bien charpentés avec leurs salopettes moulantes ! Ils hurlaient : « Des sous ! Des sous ! »

58

(Elle mime la scène.) Puis les C.R.S. sont arrivés, ils nous ont fait un rempart de leurs corps musclés. A un moment, il y en a même un qui m'a effleuré la cuisse avec son bâton. *(Elle relève légèrement sa jupe pour montrer sa cuisse.)* Enfin, je suppose que c'était son bâton… *(Rire gourmand.)* Enfin, c'était quelque chose de dur. J'ai demandé à son capitaine s'il ne pouvait pas l'affecter à ma garde personnelle, la nuit, devant ma chambre. Il était beau, il sentait bon le purin chaud mon C.R.S. !!! Ah !!! Docteur, je n'en pouvais plus, tous ces hommes en uniforme avec leurs gros bâtons à la main. C'était si excitant, je sentais mon corps vibrer, s'embraser. J'ai voulu proposer aux agriculteurs de me séquestrer à la place de mon mari. Ils auraient pu faire de moi tout ce qu'ils voulaient, m'attacher, m'arracher mes vêtements ! *(A genoux sur le divan.)* J'étais prête au sacrifice suprême. Pour ma patrie, j'aurais sacrifié mon honneur et ma vertu. Je n'aurais rien dit sous la torture… Je me suis mise à crier : « Prenez-moi ! Prenez-moi ! » *(Elle prend soudain un air désappointé.)*

SIMON *(prudent)* - Quel courage, madame Fontanier ! Avez-vous pris vos pilules aujourd'hui ? Je vous avais dit qu'en cas de crise, il fallait en prendre trois.

Mme Fontanier se rapproche de Simon à pas de velours.

MME FONTANIER *(en retirant le haut de son tailleur)* - Docteur ce n'est pas de pilules dont j'ai besoin, vous le savez bien. C'est d'autre chose…

SIMON *(se dirigeant rapidement vers son bureau pour chercher des calmants)* - Veuillez rejoindre le divan, madame Fontanier. Je pense que vous avez une nouvelle crise. Je vais vous donner un calmant.

Mme Fontanier se rapproche du bureau et grimpe dessus.

MME FONTANIER *(sur un ton suppliant)* - Docteur ! Donnez-vous à moi et je suis sûre de guérir. C'est la meilleure thérapie que je connaisse. A la préfecture, je n'ai point besoin de vos drogues. Il y a les huissiers, la garde d'honneur, les jeunes stagiaires. Ah ! les stagiaires ! *(Au public.)* Ben quoi ?... Il n'y a pas que Clinton qui a le droit de s'amuser, tout de même !... Il y a aussi notre chauffeur qui s'essouffle un peu, il commence à prendre de l'âge. *(Après avoir traversé le bureau à quatre pattes, elle en redescend et suit Simon qui tient des pilules dans le creux de sa main.)* Voyez docteur, j'ai tout ce qu'il me faut. Je dis à bas les drogues, les piqûres ! Je suis pour les méthodes naturelles. Il faut soigner le mal par le mal, mais pas à doses homéopathiques !

SIMON *(en tendant les cachets à sa patiente et reculant vers le divan)* - Soyez raisonnable, madame Fontanier, prenez-en trois.

D'un geste, la préfète fait voler les pilules de Simon, le saisit et le couche sur le divan.

MME FONTANIER - Ah ! docteur, sortez votre seringue et faites-moi une piqûre ! *(Elle se jette sur Simon et entreprend de le déshabiller.)*

SIMON *(affolé, en hurlant)* - Le plombier ! Non, pas le plombier... Le pompier !... Ah non ! Surtout pas le pompier !... Ah oui ! Plan B ! Plan B!

MME FONTANIER *(tout en tentant de le déshabiller)* - Non docteur ! Plan X ! Plan X !

Marie arrive en trombe avec une seringue à la main. Mme Fontanier est à califourchon sur Simon.

MARIE - C'est l'heure de votre piqûre, madame Fontanier !

MME FONTANIER - Non ! Pitié ! Pas cette piqûre-là ! Attendez ! Attendez ! *(Elle se sauve devant la piqûre, saisit son sac et fouille nerveusement à l'intérieur.)* Voilà ! Je les ai trouvées ! J'en prends trois tout de suite ! *(Elle sort trois pilules d'un flacon et les avale.)* La dernière fois, avec votre piqûre, j'ai eu un hématome sur la fesse et je n'ai pas pu sortir de chez moi pendant deux semaines. Vous comprenez, je n'étais plus présentable en public…

Simon se rajuste, visiblement K.O., lunettes de travers, chemise ouverte, pantalon ouvert.

SIMON *(encore sous le choc)* **-** Voilà qui est plus raisonnable. Merci Marie, je pense que nous n'aurons plus besoin de vous.

MME FONTANIER - Puis-je avoir un verre d'eau ?

Simon fait signe à Marie qui sort.

SIMON *(en se rajustant)* **-** Vous avez eu une dure journée madame Fontanier, vous allez rentrer gentiment chez vous vous reposer. Demain vous aurez oublié ce gros… euh… petit incident.

Marie entre et tend un verre à Mme Fontanier qui le boit.

MME FONTANIER - Merci docteur. Je me sens déjà beaucoup mieux.

SIMON - Vous êtes venue seule ? Faut-il vous reconduire chez vous ?

MME FONTANIER *(sur un ton gourmand, insatiable)* **-** Inutile ! Mon chauffeur m'attend !

La préfète sort suivie de Marie.

SIMON - Quelle journée, mais quelle journée ! Je l'avais bien dit : quand elle commence mal…

Il s'allonge de nouveau sur le divan et Marie entre.

MARIE - Monsieur, il n'y a plus de patients...

SIMON - Ah ! tant mieux ! Je n'en peux plus ! Enfin un peu de calme. Merci pour votre intervention. Mais ne restez pas debout, vous avez bien mérité une pause. Asseyez-vous dans le fauteuil.

MARIE *(s'asseyant dans le fauteuil derrière Simon)* - Merci, monsieur... Quelle santé cette préfète ! On voit tout de suite que dans ce monde-là, on a l'habitude de faire de l'équitation.

SIMON - Merci pour le cheval ! Comme d'habitude, je compte sur votre entière discrétion. Ah, Marie... je crois bien que je ne comprends plus rien aux femmes. Je me demande même si je les ai comprises un jour. J'ai écrit des articles dans des revues sur les relations entre hommes et femmes. Toutes mes théories ont été balayées en une seule journée. Je peux même jeter tous mes livres aux orties.

MARIE - Monsieur ! Vous êtes trop dur avec vous-même.

SIMON - Non, je suis lucide. Tenez, prenez ma femme : elle m'a épousé contre l'avis de son père. Je m'aperçois, aujourd'hui, qu'elle l'a fait par caprice, pour contrarier un père qu'elle vénère au fond d'elle. Je ne l'intéresse plus, elle préfère un homme comme ce Carpette, copie conforme de mon beau-père.

MARIE *(qui se pâme)* - Je la comprends ! M. Carpette, quel homme, tout de même ! Il a tout pour lui !

SIMON - Je vous remercie ! Vous aussi, il vous a envoûtée. Comme il a envoûté cette délicieuse Catherine. Ah ! Catherine... Catherine... *(Il reste un instant rêveur.)*

MARIE *(qui soupire d'aise)* - Ah !... Bernard... Bernard...

La porte du fond s'ouvre. Catherine entre, un doigt sur la bouche, sous l'œil amusé de Marie. Elle prend la place de Marie qui s'éclipse discrètement. Simon, absorbé par ses pensées, ne s'est aperçu de rien.

SIMON - Ah oui ! Catherine ! Comme c'est dommage ! Il m'avait semblé que dans son regard, elle avait compris que Carpette n'était pas l'homme qui lui fallait. Elle est si raffinée, elle a de l'esprit, elle a été formidable avec Z. tout à l'heure. Elle lui a assené ses quatre vérités avec tellement de caractère et de dignité… Je n'arrive pas à comprendre ce qui attire les femmes chez ce Carpette. Vous allez encore vous pâmer en disant : « Quel bel homme ! » Je vous répondrai : « Oui ! » Mais la beauté ne suffit pas. Il est très riche, je vous l'accorde. C'est un peu superficiel tout cela. Est-ce suffisant pour construire une vie ?

CATHERINE - Non ! Il lui faudrait plutôt un homme tendre, compréhensif, qui sache lire dans les cœurs et dans les âmes. Un homme instruit, pas superficiel, honnête, franc et fidèle… Un peu comme vous ?

SIMON - Ne vous moquez pas de moi, ma petite Marie. Je n'ai jamais pensé être meilleur qu'un autre. Je ne suis pas un homme pour elle. Je suis loin d'être parfait !

CATHERINE - Ne soyez pas modeste, vous savez écouter les autres. Vous êtes têtu mais généreux. Vous avez su ouvrir les yeux d'une pauvre starlette à la dérive. *(Catherine se penche vers Simon et dépose un baiser sur sa joue.)*

SIMON *(se retournant violemment)* - Marie, qu'est-ce qui vous prend ? *(Il se radoucit.)* Caca… Catherine ! Je ne vous ai pas entendu entrer. Vous êtes là depuis longtemps ?

CATHERINE - Depuis quelques minutes.

SIMON *(gêné)* - J'ai dû vous paraître stupide. Vous savez si Bernard vous plaît. Je regrette ce que je vous ai dit tout à l'heure. Je dois être un peu jaloux de lui. Ecoutez votre cœur.

CATHERINE - J'ai écouté mon cœur.

SIMON - Alors, que vous a-t-il dit ?

CATHERINE - Voyez, je suis là. Il m'a dit que je m'étais trompée et je suis revenue. Je vous ai écouté.

SIMON - Vous savez, après ce qui s'est passé, je ne suis plus sûr d'être de bon conseil. Courez le rejoindre. C'est peut-être l'homme de votre vie.

CATHERINE - Je ne suis pas avec Bernard en ce moment, je suis même soulagée. Je me sens libre ! Je pourrais soulever des montagnes ! D'ailleurs, Bernard m'a très vite remplacée.

SIMON - Oh ! quel mufle ! Je vois, il a dû vous remplacer par une fille vulgaire qui se pâme devant lui en riant bruyamment à ses blagues douteuses. Une fille légère et superficielle.

CATHERINE - Simon ! Attention, vous parlez de votre femme, tout de même !

SIMON *(explosant)* - Ma femme !!! Le goujat ! Le salaud ! Je vais le démolir ! Où est-il ? Il m'avait dit en tout bien tout honneur ! Ah, le scélérat ! Il n'a même pas de parole ! Le Judas !

CATHERINE - Je suis venue vous dire qu'ils sont partis dans son jet privé pour les Caraïbes.

SIMON - Ma femme déteste le soleil ! Elle gonfle au moindre coup de soleil, elle ressemble à « Elephant man » *(Ou « à un éléphant de mer ». Il s'assied sur le divan, dépité.)* Et puis… après tout… tant pis pour eux et bon vent ! De toute façon, je me

64

doutais bien que cela finirait ainsi. La journée avait déjà si mal commencé... En tout cas, là-bas, ma femme ne sera plus du tout de la première fraîcheur !

CATHERINE *(soupir)* - Oui, nous voici seuls à présent.

SIMON *(prenant la main de Catherine)* - Rassurez-vous, moi, je ne vous abandonnerai jamais. Vous pouvez compter sur moi. Je vous écouterai et vous aiderai à passer ce cap difficile.

CATHERINE - Simon ! *(Elle se jette dans ses bras et s'assied sur ses genoux.)* Je n'en attendais pas moins de vous !

SIMON *(ému)* - Catherine ! Il faut que je vous avoue que vous m'avez tout de suite plu. Vous aviez l'air si désemparée, si fragile... Quelques paroles ont suffi pour vous métamorphoser. Vous voici prête à affronter le monde impitoyable du show-biz !

CATHERINE - Je l'affronterai encore mieux à vos côtés. Simon, si vous le vouliez...

SIMON - Oh, Catherine, il n'y a rien que je désire plus. Vous me faites trop d'honneur, je ne suis qu'un petit psy sans envergure, ma femme me le disait souvent. Vous êtes une star, nous ne vivons pas sur la même planète.

CATHERINE - Ensemble, nous y arriverons. *(Sensuelle.)* Je t'aiderai à explorer « ma planète » et toi, tu m'aideras à garder les pieds sur terre et à ne pas attraper la grosse tête.

SIMON *(gourmand)* - Oh, oui ! J'aimerais bien explorer ta planète !

Ils rient et s'embrassent en se roulant sur le divan. Marie entre.

MARIE *(toussotant)* - Oh ! excusez-moi, je repasserai !

SIMON *(en se ressaisissant et se relevant)* - Non ! Entrez, ma petite Marie. Qu'y a-t-il ?

MARIE - Euh… mon petit ami est venu me chercher, est-ce que je peux m'en aller ? Vous n'avez plus besoin de moi ?

SIMON - Non, je n'ai plus besoin de vous… Je ne savais pas que vous aviez un petit ami ? Présentez-nous donc ce jeune homme.

MARIE - Je ne sais pas si je dois ?

SIMON - Allons ! Ne soyez pas timide ! Allez le chercher, nous voudrions bien faire sa connaissance.

MARIE - Bon…

Elle ressort.

SIMON *(à Catherine)* - J'ai remarqué des motards qui tournent dans le quartier, ce doit être l'un d'entre eux. Ou alors, c'est l'étudiant qui habite une chambre de bonne au dernier étage…

CATHERINE - Mais pourquoi est-ce que ça t'intéresse ? Tu surveilles ta secrétaire ? Serais-tu jaloux ?

SIMON - Mais non, tu es folle ! Je suis heureux et j'aime voir des gens heureux autour de moi. En plus, je suis curieux. Attention ! Curiosité professionnelle.

Ils s'embrassent encore. Marie entre en toussotant. Catherine et Simon se ressaisissent.

MARIE - Viens, entre mon nounours, n'aie pas peur !

Entre le client du début de la pièce, M. Chaste, toujours aussi timide.

M. CHASTE - Re… bonjour, docteur.

SIMON *(se retenant de rire)* - Vous !… Ah ! si je m'attendais à ça ! Alors là… Alors là… je suis abasourdi… bluffé… scotché ! On me l'aurait dit, je ne l'aurais jamais cru. C'est la meilleure de la journée !

M. CHASTE - Vous m'aviez conseillé de me faire ma propre opinion sur les femmes et je ne connais guère que Marie et maman. Marie m'a plu dès nos premières séances. Vous ne direz rien à maman ? Elle n'est pas au courant… *(Il rougit.)*

SIMON - Alors là ! Vous m'en bouchez un coin. J'étais à cent lieues de m'imaginer une chose pareille. *(Il rit.)* Comment… mais comment avez-vous fait ? Vous avez un secret ? Je serais curieux de savoir ce que vous avez dit à Marie pour la séduire…

M. CHASTE *(qui rougit)* - Je… Je… C'est un peu gênant.

SIMON - Allons ! Vous, un bourreau des cœurs ! Ne soyez plus timide ! C'est moi, aujourd'hui qui ai besoin de vos conseils. Vous, par contre, vous n'aurez plus besoin de moi.

M. CHASTE - Bien… Oh non ! C'est trop gênant ! *(S'adressant à Marie.)* Vous pouvez lui dire, mademoiselle Marie, moi, je ne peux pas.

MARIE - Voilà, c'est tout simple : il m'a dit que je ressemble à la fille de la page trois cent soixante-huit du catalogue printemps-été de « La Redoute »… C'est tout… C'est trop mignon, non ? J'ai regardé dans le catalogue. *(Tout en montrant son buste avec ses mains.)* Bon, c'est vrai qu'on ne voit que le tronc de la fille, mais il y a malgré tout une ressemblance.

SIMON - Ah ! vous savez parler aux femmes, vous. La page trois cent soixante-huit… Fallait y penser. Que c'est original ! Quel esprit ! Bravo, vous voilà complètement guéri. Félicitations. Filez vite, allez vous amuser, ne rentrez pas trop tard, votre maman pourrait s'inquiéter.

MARIE *(qui est près de la porte du fond)* - Tu viens, mon nounours ?

M. CHASTE - J'arrive, mon sucre d'orge.

Ils disparaissent.

SIMON *(à Catherine)* - Décidément, je ne comprendrai jamais rien aux femmes.

CATHERINE *(prenant le bras de Simon)* - L'important, c'est que tu m'aies comprise moi. Tu seras mon psy vingt-quatre heures sur vingt-quatre, sept jours sur sept. Tu veux bien ?

SIMON - Oui ! Je crois que c'est la plus belle journée de ma vie !

CATHERINE - La journée a bien mal commencé, mais elle se finit plutôt bien, tu ne trouves pas ?

SIMON *(en l'embrassant)* - Oui !

CATHERINE *(se levant, heureuse et excitée)* - Tu sais, j'ai de grands projets pour nous deux. Tu m'as donné de la force, je sens que je vais enfin pouvoir tous les réaliser. Ecoute-moi bien !

SIMON *(sur le ton de la plaisanterie)* - Je suis tout ouïe. Je suis heureux de te voir ainsi, combative et volontaire !

CATHERINE - Ne te moque pas de moi !

SIMON - Mais non, vas-y ! Attaque !

CATHERINE *(en faisant de grands gestes et en mimant ce qu'elle dit au public)* - Eh bien voilà… Je ne t'ai pas encore dit que mon père est un important promoteur immobilier sur la Côte. Je suis certaine qu'il nous laissera un petit nid d'amour. Je nous imagine bien dans un petit hôtel particulier à Cannes ou à Monaco. Tu auras comme clientèle toutes les stars du cinéma, du foot et de la télé. Nous aurons un grand appartement à l'étage et, au rez-de-chaussée, tu auras ton cabinet. *(Simon, derrière, devient blême.)* Comme nous allons être bien ! Je m'occuperai de toi, tu prendras soin de moi entre deux tournages. Nous allons être très heureux. Ce sera ça, la vraie vie ! Une vie simple et équilibrée. J'ai tellement besoin d'équilibre ! Nous aurons un mariage princier dans le parc d'un château avec quelques amis, juste un millier. Mon père connaît tellement de monde… *(Simon, désespéré, se dirige vers la fenêtre.)* Moi, je porterai une robe blanche avec une longue traîne. Toi, tu seras superbe dans un costume queue-de-pie, dessiné par un grand couturier. Je serai à tes côtés et je n'aurai plus peur des photographes et des journalistes. Je serai une star heureuse et fidèle avec mon petit mari qui me comprendra et me réconfortera. *(Simon saute. On entend un « boum » et un bruit de camion qui démarre.)* J'ai hâte d'y être ! Pas toi, mon chéri ? *(Elle se retourne et ne voit plus Simon.)* Simon ? Simon ! Simon ! Où es-tu ? *(Elle se dirige en hâte vers la fenêtre.)* Mais que fais-tu sur cette benne à ordures ? Reviens ! Simon, reviens !

RIDEAU

FIN

AVIS IMPORTANT

Cette pièce de théâtre fait partie du répertoire de la Société des Auteurs et Compositeurs Dramatiques, 11 bis rue Ballu 75442 PARIS Cedex 09. Tél. : 01 40 23 44 44. Elle ne peut donc être jouée sans l'autorisation de cette société.

Nous conseillons d'en faire la demande avant de commencer les répétitions.

Imprimé à la demande par Books On Demand GmbH, Bad Hersfeld, Allemagne

Première édition, dépôt légal : février 2005
N° d'édition : 200506
ISBN : 2-84422-443-1